EL BAZAR DE RAMÓN
GÓMEZ DE LA SERNA
MIGUEL MARINAS

EL BAZAR DE RAMÓN GÓMEZ DE LA SERNA

MIGUEL MARINAS

SEDUCCIÓN DE LAS MASAS Y CULTURA DEL CONSUMO

LAOFICINA

© MIGUEL MARINAS, del texto, 2020

© LUIS RAMÓN MARÍN / MARÍN, VEGAP, Madrid, 2020,
   de la fotografía de la cubierta (fragmento)

© PEPE GRILO, de las fotografías de las páginas 13 y 87

© OFICINA DE ARTE Y EDICIONES, S. L., 2020, de la presente edición
info@laoficinaediciones.com
www.laoficinaediciones.com

   diseño JOAQUÍN GALLEGO

corrección AMALIA IGLESIAS
impresión SAFEKAT

ISBN: 978-84-121136-1-7
M-27375-2020
THEMA: DNBL, DNL

Esta obra ha recibido una ayuda para su publicación
de la Universidad Complutense de Madrid

Este *Bazar de Ramón Gómez de la Serna* pretende ser una reflexión cercana de su letra, de sus textos, sobre la visión del mundo del consumo que Ramón va elaborando en momentos decisivos de su vida. El mundo entre la fantasía del Antiguo Régimen y su atravesamiento por las nuevas maneras de la incipiente sociedad de consumo. Y al mismo tiempo una meditación sobre la visión del sujeto que esta sociedad va formando, los consumidores como nueva forma de vida y de ciudadanía.

Una lectura que rescata el valor de la alegoría como método de escritura y como continente. Así podemos decir: no es solo que el bazar sea un cuerpo vivo, sino que el sujeto es un bazar.

Lo que quiero invitar a visitar es un fenómeno poco visto de interacción y combate entre dos: un mundo nuevo, que eclosiona en la época en la que Ramón comienza su escritura (un mundo de objetos recientes, sorprendentes y llenos de posibilidades imprevistas y fascinantes) y, por otra parte, un sujeto en estado de creciente avidez: alguien a quien el mundo no le vale en lo que tiene de visible y ordenado y se dedica a explorar las junturas, los entresijos, los reveses, lo que aparece y desaparece, como pompas de jabón, como fenómenos que parecían durar y fundar y resultaron ser travesías a lugares sin nombre ni perfil definido.

Al primero lo llamaremos «El bazar de Ramón», al segundo «El sujeto del bazar».

Creo que al iniciar la noticia de este combate nos abrimos a una experiencia radical: la del sujeto y el mundo del fin del Antiguo Régimen y el nacimiento de las primeras señales del universo del consumo contemporáneo.

Por eso lo divido en dos partes: las dimensiones del nacimiento de ese bazar efímero y cambiante y, en segundo lugar el sujeto que se inventa y se descubre en ese proceso, que es más bien el sujeto de lo inconsciente y que está a la vista. Lacan dijo que lo inconsciente es éxtimo (superlativo de *extra/exterior*), se da a ver pero no sabemos descifrarlo. Por eso, de todos los Ramones posibles (que son infinitos entre los escritos por él y los glosados por otros), elijo un Ramón cercano al descubrimiento de lo inconsciente, en el arte (surrealismo, ultraísmo) y también en el propio psicoanálisis.

Ese mundo, paisaje del consumo entre dos épocas, es el terreno en el que todo lo nuevo florece bajo la mirada aguda de Gómez de la Serna. Pero no nos bastaría con la descripción y análisis de sus componentes, sino que se requiere la atención al protagonista de esos itinerarios infinitos: el sujeto, entendido como sujeto de lo inconsciente, que tiene un saber específico, que es –como dijo la mística castellana– «un saber no sabiendo, toda ciencia transcendiendo». Esto no equivale a plantar a Ramón entre los místicos, pues falta no le hacía a quien sabía mirar lo que viene no dicho, más que lo cantado y blindado.

Este itinerario se puede tomar, si se quiere, como una cinta de Moebius, porque comenzar por las hechuras del mundo como un gran bazar, el que surge con el siglo, obliga a recorrer las dimensiones del sujeto que lo habita, lo consume y es troquelado por su oferta cada vez más omniabarcante.

Elijo unos cuantos textos, como se verá, para ilustrar cada uno de los pasos. Confío en que mis apreciaciones se vean autorizadas por la propia mirada de Ramón cuando, más que un escritor costumbrista, se nos muestra como un visionario de los procesos que se ocultan en las cosas del mercado y en los ojos de quienes habitan, aparentemente sin advertir del todo su mudanzas, las ciudades.

Por ello, en esta primera parte, *El paisaje del consumo*, daremos cuatro pasos que tratan de recorrer las dimensiones del *Bazar*:

El bazar de Ramón
La mercancía como espectáculo
Lo cursi más allá del simulacro
Ramón en las ciudades

En la segunda parte, *El sujeto del bazar*, vemos las dimensiones:

La anulación del yo
La enfermedad llamada hombre
Lo inconsciente es el cuerpo
De Eros a Tánatos

El bazar de Ramón[1]

Su deceso no puede llevar la tinta negra del punto final, sino, por el contrario, punto vaporoso, carbunclo, otra vez en cada una de sus fábulas del nuevo sembradío en que ahora acampan sus semillas.

José Lezama Lima, *Tránsito de Gómez de la Serna*[2]

Ramón Gómez de la Serna quiso ser un objeto de consumo. Al menos esa es una de las imágenes que gracias al documental filmado guardamos de él[3]: un Ramón tocado con chistera y cachimba, inserto entre los muñecos de pim-pam-púm que mecánicamente suben y bajan incapaces de esquivar las pelotas de trapo que les lanzan hilarantes jugadores. Esta imagen de los años treinta se dobla con otra imagen verbal, casi un epitafio en vida, que circulaba entre sus contemporáneos: «todo lo que se le ocurría lo escribía, todo lo que escribía lo publicaba, todo lo que publicaba lo regalaba»[4]. Citado por Bachelard, reconocido muy pronto por la crítica contemporánea francesa[5], desde 1929 miembro, en compañía de Chaplin, Bontempelli y Pitigrilli, de la Academia del Humor de París, colaborador con Joyce de la revista *900* e incluso reseñado por Walter Benjamin[6], resulta uno de esos autores excesivos a los que los hábitos

1 Elementos de este capítulo aparecieron hace tiempo en trabajos míos: «El bazar efímero: imágenes del consumo en Ramón Gómez de la Serna» en: *La Balsa de la Medusa*, Madrid, 1999, n.º 50, pp. 35-72. Y en *La fábula del bazar*, Madrid: Antonio Machado, 2001.

2 Aparecido en *La Gaceta de Cuba*, La Habana, febrero de 1963. Recogido en José Lezama Lima, *Imagen y posibilidad*, La Habana: Editorial Letras Cubanas, 1992, p. 66.

3 Se trata de *Esencia de verbena*, documental de Giménez Caballero. La penúltima vez que ha podido contemplarse, a mi saber, fue en la exposición de Lorca en el Centro de Arte Reina Sofía, verano de 1998. Una aparición más reciente (31 enero - 4 octubre 2020) de fotos y filmaciones de Ramón se halla en la muestra colectiva *Humor absurdo: una constelación del disparate en España*. Centro de Arte 2 de Mayo. Comunidad de Madrid. Comisaria: Mery Cuesta.

4 Creo que está en la biografía de Gaspar Gómez de la Serna. En todo caso su primer libro de fuste, *El libro mudo (Secretos)*, se anuncia en su revista *Prometeo*, n.º XXIII, 1910, de esta manera: «Acaban de publicarse dos nuevas obras de Ramón Gómez de la Serna. *El libro mudo (Secretos)*, tomo de 250 páginas en 4.º mayor. NO se vende. Puede pedirlo directamente al autor todo desconocido...» En Ioana Zlotescu, introducción a *El libro mudo*, Madrid / México: Fondo de Cultura Económica, 1987, pp. 9-10.

5 Gaston Bachelard, *L'air et les songes*, Ed. José Corti. París: Le Livre de Poche, 1943, p. 19. Hilda Torres-Varela, *L'année 1913. Les formes esthétiques de l'oeuvre d'art à la veille de la premiére guerre mondiale*. vol II. París: Ed. Klinsieck, 1971. Tomo estas referencias del excelente trabajo de Ioana Zlotescu: «El libro mudo, luz en los orígenes de Ramón Gómez de la Serna», *op. cit.* pp. 13 y ss.

6 Este hallazgo, que debo a Pablo Carbajosa, fue traducido y publicado por nosotros en *La Balsa de la Medusa*, n.º 34, 1995, con el título de «El circo de Ramón»; el original es una reseña para la *Internationale Revue*, de Amsterdam, de 1927, se encuentra en sus *Gesammelte Schriften*, tomo III, Suhrkamp, 1972, p. 70. El tomo III de las *Obras completas* de Ramón, Galaxia Gutenberg y el Círculo de Lectores –por ella cito cuando no menciono otra cosa–, da noticia en introducción y en las guardas del libro, de esta reseña que en su día editamos.

de edición y lectura hacen bien en dejar dormir de vez en cuando, para volver a él con mirada nueva, para aprender el arte de la visión. En un episodio de mi trabajo sobre la fábula del bazar lo abordé como uno de los más sugerentes teorizadores, esto es videntes, de la cultura de este siglo, no reducida al contexto español ni al pasado[7].

Si de Ortega resulta clara la vinculación, vía Simmel y Sombart, entre otros, con las primeras miradas críticas de la sociedad de consumo conspicuo, en Gómez de la Serna tenemos la figura polimorfa[8], llena de innumerables sugerencias para ver, de un maestro de la contemplación activa de la sociedad tecnológica, de las ciudades refundadas, del mercado que accede a la vida íntima de los nuevos ciudadanos. Cercano, en estas visiones, al talante de un Pessoa o del propio Benjamin, sin dar, en apariencia, una medida igual en su elaboración conceptual –aunque la tiene Ramón y en forma, como se verá, sorprendentemente precisa– es posible ahora intentar verlo como teórico de la sociedad de consumo incipiente. Sobre todo si al teórico no le restamos su significado originario de «quien ve», «quien sabe» y «enseña a ver». Gran pedagogo por la acción, gran caricato –esto es fisonomista[9]– y excelente crítico, tiene la cualidad de ponernos en contacto como pocos con la crisis y el entramado de conflictos y brotes de nuevas formas de vida, en un contexto como el de la Europa que atraviesa desde el Antiguo Régimen a la cultura de masas.

Por eso nos conviene recorrer, como estamos haciendo, las vertientes de esta fábula del bazar que empieza con el siglo. Este que propongo llamar *el mercado ramoniano*, recorre algunos territorios de los textos de Ramón que más directamente tienen que ver con el imaginario del consumo: lo cursi, las cosas, el despilfarro y la colección, la moda, las ciudades. Así quedará más clara luego su *idea del sujeto*, las dimensiones de su modo de fabricar los relatos de la sociedad cambiante: las vanguardias y el barroco, la sensibilidad del tiempo, lo inconsciente, lo biográfico.

Ramón escribe su ingente obra a la par que en el contexto social se producen transformaciones decisivas en la cultura y en el entramado de los modos de producción y de vida.

Cuando hablamos del mercado de Ramón estamos refiriéndonos nada menos que al nacimiento de la sociedad de consumo en España y en el mundo que él transita.

7 En 1983 se celebra en el Centro Pompidou de París una exposición «Ramón Gómez de la Serna y José Ortega y Gasset», animada por su amigo y valedor temprano, Jean Cassou.

8 Italo Calvino, *Seis propuestas para el próximo milenio*, Siruela, 1989, p. 84, sitúa a Gómez de la Serna, junto a Valéry, Stevens, Benn, Pessoa, Bontempelli y Borges entre los escritores que se agrupan «bajo el emblema del cristal», la tensión hacia la exactitud expresiva, el poliedro de caras bruñidas. Ver Ioana Zlotescu: «Prólogo General» a Ramón Gómez de la Serna, *Obras completas*, I, Barcelona: Círculo de Lectores-Galaxia Gutenberg, 1996, pp. 12-13.

9 Me apresuro a señalar una palabra testigo que ya apareció en Baudelaire (*Spleen de París*) y en Benjamin (*Das Passagenwerk*), entre otros: *fisiognómica*, incluye la capacidad de descifrar lo peculiar de los sujetos en la sociedad-masa y, por extensión, la de interpretar las señales de los nuevos espacios urbanos.

El tiempo lo marcan, según los trabajos que venimos realizando, principalmente las transformaciones de los espacios en los que la nueva mercancía se exhibe y se multiplica con su poder no solo de satisfacer carencias sino de instaurar necesidades y deseos.

Así, desde mediados del siglo XIX, existen tres transformaciones radicales que conviene destacar:

- El surgimiento de las Exposiciones Universales que, desde 1851 en Londres y 1854 en Nueva York, van estructurando el espacio del mercado: ya no es un espacio local o nacional, sino que concita la presencia y la atención de un sujeto consumidor internacional.
- La transformación de los espacios del consumo, con el surgimiento de los pasajes comerciales, que cambian la estructura radial del mercado (según el esquema originariamente rural de plaza central y periferia). Las calles se rompen y los espacios de la mercancía sustituyen con su acotamiento los antiguos modos urbanos. Los bulevares reestructuran las metrópolis.
- La creación de nuevas instituciones del mercado, representadas por los grandes almacenes. Los *Megastores* que acabarán apoderándose y aunando lo que hay de feria, lo que hay de pasaje y lo que hay de polirrubro de todas las mercancías[10].

Por ello abordaremos la mirada de Ramón en medida en que atiende a estas tres dimensiones: ellas representan su visión general del mercado y de la mercancía. A esto llamo el bazar, porque la perspectiva de Gómez de la Serna es no hacer un recuento de las condiciones puramente mercantiles de la oferta y la demanda, que suponen la creación de un espacio que es físico y cambia la vivienda y la vida y el modo de vivir, sino la gran alegoría del nuevo tiempo: el nacimiento progresivo de una cultura de la abundancia, al menos en la representación y en el imaginario de la gente. A la manera en la que Walter Benjamin –que es uno de los *alter ego* de este libro[11]– recoge la importancia cultural del dinero (siguiendo a Simmel) –y de, forma congruente, el disciplinamiento que el ir a mirar las maravillas de la feria (París, Londres, Viena…) tiene para las masas–. Es la escuela, viene a decir, del deseo del consumidor: «lo verás pero no lo catarás». No catar supone aplazar el deseo, ver cómo el objeto indeterminado en principio de este desear va adoptando las formas de la primera cultura de la ostentación (Veblen) y de las primeras modas vestimentarias y de gustos estéticos y aun literarios de las minorías primero, de las masas después.

---

10 Para un análisis detallado de esta problemática sugiero, como fuente bibliográfica también, mis trabajos *La fábula del bazar, orígenes de la cultura del consumo*, Madrid: Antonio Machado, 2001, *El síntoma comunitario entre polis y mercado*, Madrid: Antonio Machado 2005 y con Cristina Santamarina, *El bazar americano en las exposiciones universales*, Madrid: Biblioteca Nueva, 2016.

11 Especialmente su *Libro de los Pasajes*, *Obras completas*, Vol. 4; Suhrkamp y su versión francesa (Minuit, 1990) y española (Akal, 2000 y Abada, 2010). Y mi trabajo *El síntoma comunitario entre polis y mercado*, (*op. cit.*) Los otros referentes de comparación y debate son Fernando Pessoa (especialmente *El libro del desasosiego*), y en igual medida Georg Simmel, especialmente *Filosofía de la moda* (Alba, 2000).

En esta parte recorremos algunas de las obras de Ramón, no con ánimo de exhaustividad, sino para documentar en los principales ejemplos el momento de la oferta (de mercancías y de la cultura que las presenta) en la medida en que crean un mundo radicalmente nuevo, que Ramón es uno de los principales pensadores y escritores que se anticipan a describir y analizar. El otro es naturalmente, Ortega, y referencias a él habrá para contrastar en las páginas que siguen.

No distinguimos de forma dual lo que escribe y su manera de hacerlo. Cuando hablamos de la máquina de Ramón –su inagotable e incomparable capacidad de escritura desde tiempos muy tempranos– estamos equiparando la ética de la escritura con la ética de esa sociedad que no detiene ni un momento el ingenio productivo.

La máquina significa el caudal de transformación, de producción que pone en actividad Ramón en su proceso de escritura. Y significa también el contexto plagado de innovaciones tecnológicas que se aplican a la vida cotidiana[12]. De su fascinación por la técnica y la maquinización de la vida tenemos numerosos testimonios a lo largo de su obra. De su ambivalente referencia, entre fetichizadora y desconfiada, dan fe copiosísimas imágenes diseminadas en sus novelas, ensayos y, sobre todo, en las incesantes greguerías, verdaderos flashes de la contemplación y el choque con los hallazgos maquínicos.

Este acercamiento, en último término, metafórico entre producción y escritura –del gran productor que fue Ramón[13]–, se asienta en un contexto del consumo que es posible caracterizar como el del tránsito entre el productivismo masivo, como espejo general de la cultura, y la pauta de consumo de masas de la segunda posguerra mundial. Transición esta que es crisis de la sociedad y la cultura, desde las grandes representaciones a las formas de la vida cotidiana. Este período, que es el de las vanguardias artísticas[14], y el de los ascensos del nazismo y fascismo, tiene en el contexto español determinantes precisos[15].

En ese contexto surge el itinerario ramoniano, el de alguien que, además de hombre de tertulia y café, de torreón burgués solitario y de callejeador por

---

12 En este campo parece haber también una verdadera constelación en el orden de las representaciones plásticas. Desde las construcciones del cubismo, que Ramón recoge, entre otros, en su brillante artículo «Botellismos», en *Revista de Occidente*, XC, octubre-diciembre, 1930, tomo XXX, pp. 303-320, hasta las fascinantes tiradas de *Cinelandia*, ed. Cosmópolis, 1924. El correlato con el maquinismo de Chaplin en *Tiempos Modernos* (1936) hasta las parodias tecnoconsumistas de Jacques Tati, (*Mi tío*, *Play Time*, *Las vacaciones del Sr. Hulot*) son indicios de una misma sensibilidad de época.

13 Hay abundantes referencias a la forma de trabajar de Ramón. Desde el torreón de Velázquez, 4, en Madrid se instaura un estilo que consiste en unas doce horas de escritura diarias solo interrumpidas por las salidas sabatinas a la cripta del Pombo. En *Nuevas páginas de mi vida*, escrito en 1957, sigue testimoniando y recomendando la escritura nocturna, Madrid: Alianza, 1970, pp. 21 y ss.

14 *Ramón y las vanguardias*, es el título del ensayo de Francisco Umbral, Madrid: Espasa-Calpe, 1978.

15 Es interesante por sus referencias contextuales y bibliográficas, José M.ª Arribas, «Antecedentes de la sociedad de consumo en España: de la Dictadura de Primo de Rivera a la II República», *Política y Sociedad*, 16, 1994, pp. 149-168. Véase también Luis Enrique Alonso y Fernando Conde, *Historia del consumo en España: Una aproximación a sus orígenes y su primer desarrollo*, Madrid: Debate, 1994. Me refiero en concreto a su distinción entre dos estilos de consumo suntuario (prefordista) y el modelo fordista que incoa la pauta de masas posterior (pp. 66 y ss.). Esta tensión aparece en la obra ramoniana, en numerosos ejemplos.

los *badlands* de la ciudad mudable –señas del modelo «suntuario»–, se dedicará intensamente a los diarios y a la radio[16] y no pierde ocasión de acudir o provocar intervenciones espectaculares orientadas al gran público[17]. Esa tensión entre lo aristocrático *demodé* y los nuevos modos populares, con la tarea del ensayista como quien deshace (*¡Oh, si llega la imposibilidad de deshacer!...,* son las siete palabras del programa de Ramón) define ya sus primeros escritos en la revista *Prometeo*:

> Y ya están dichas mis siete palabras. ¿Las asumirán un día y morderán en el cuello de los conspicuos, y humillarán, laminándolos, haciendo abono de sus tierras, todo ese privilegio monumental que hoy les humilla? ¿Les contentarán los pequeños anticipos y en vez de ser ingratos e insurgentes, después de aceptarlos, se harán mesócratas? ¿Será la mesocracia el porvenir? ¡Oh![18]

¿Cuál es la fábula específica que sale de la máquina de Ramón? En su caso, el estilo y modo de relación con el campo de objetos que forman el universo auroral del siglo XX, se va formando con lo que llamará, en término provocador, pero muy sintomático de la cultura de las marcas, el *ramonismo*[19]:

> Soy solo una mirada ancha, ancha como toda mi cara [...] no soy ni un escritor, ni un pensador, ni nada. Yo solo soy, por decirlo así, un mirador, y en esto creo que está la facultad verdadera [...] algo que es la facultad de que entre la realidad en nosotros, pero no como algo que retener o agravar, sino como un puro objeto de tránsito[20].

Podemos decir que aquí está el programa y el estilo enteros. El bazar y lo efímero y el modo de abordarlos. El punto de partida es una pasión escópica. Un afán de ver y registrar los múltiples derroteros de las cosas nuevas y viejas en su combate espectacular. Los modos viejos y nuevos de la vida. Pero la mirada ve escenas que no parecen reales, que son *fantasmagorías*[21].

---

16 Unión Radio, precursora de la SER, instala micrófonos en su casa, en la calle de Villanueva, 38 de Madrid en 1930, para que desde allí haga su programa semanal.

17 Luis S. Granjel, *Retrato de Ramón*, Madrid: Labor, 1963, p. 80: «Dos de sus más recordadas intervenciones públicas tuvieron lugar dentro de un marco circense. Ramón ha disertado de torero vistiendo traje de luces y sobre Napoleón imitando su más conocida postura; de acusada originalidad en su factura fueron la conferencia sobre humorismo dada en Bilbao en 1915 y la que hablando de los faroles pronunció en Gijón ocho años después». Las del circo, en un elefante y en un trapecio tuvieron lugar en París y Madrid. No consta la que Benjamin le atribuye en un circo de Milán, «El circo de Ramón» [vid, supra, nota 4] Tal vez se deba al prólogo de los Fratellini en la edición francesa de *El circo*.

18 «Mis siete palabras», ensayo, 1910, en *Obras completas*, I, p. 189. Es relevante que vuelven a aparecer como lema al comienzo de su prólogo a *El Rastro*, 1917, *Obras completas*, III, p. 73: no es un libro costumbrista.

19 Este es el título de uno de sus trabajos del año 1923. Pero también *Ramonismo* acoge como rótulo todo un conjunto de libros y ensayos y greguerías, vols. III-IX de las *Obras completas*: lo biográfico y los relatos de la cultura y de la moda, en sentido simmeliano, son aquí inseparables.

20 Ramón Gómez de la Serna, *Pombo*, párrafo titulado «Yo», recogido por Ioana Zlotescu, *Obras Completas*, III, p. 29.

21 Tanto Marx como Benjamin emplean el término *fantasmagoría* para designar las distorsiones alucinatorias de las nuevas imágenes ideológicas. Ramón escribe *Los muertos, las muertas y otras fantasmagorías*, en *Obras completas*, V.

Por primera vez, dice Berger, el mundo como totalidad, dejó de ser una abstracción y se hizo *imaginable*[22]. Ramón lo mira todo con un «monóculo sin cristal» (*Nuevo Mundo*, 19 de diciembre de 1923) para «estar sobre aviso y calar bien las cosas». Ramón lo advierte haciendo el remedo irónico del Antiguo Régimen: la mirada ha de ser selectiva –el *flâneur*, como sabemos, es un monarca de incógnito– pero también recomendando distanciamiento en esa inmersión. Este mundo global, rico y variado como un bazar, merece el comentario de Bergamín. En un artículo[23] recién descubierto por mí –ya tenía yo en marcha el emblema del bazar– vincula la potencia de las exposiciones con la vertical de la torre Eiffel, raspa del gran pescado del banquete ferial del que España queda, orgullosamente, al margen:

> El siglo veinte, que empezaba para los franceses con la torre Eiffel, para los españoles ha empezado con Don Tancredo.
>
> No podemos decir el siglo veinte sin sentir que se nos llena la memoria de imágenes de bazar. Sin duda, porque a nuestros primeros recuerdos va unido ese rótulo comercial, tan frecuente entonces, y que se conserva todavía. Pero también, sin duda, porque hay en ello otra resonancia que hoy toma un sentido alegórico...
>
> La Exposición francesa del novecientos era el enorme bazar de todo aquel mundo o feria de vanidades que el esqueleto de la torre Eiffel ha perpetuado mortalmente... Si desafía al tiempo, lo hace por haberle entregado su carne y su sangre totalmente: toda la mascarada mortal que entraba por el siglo nuevo con tanto ruido, y que se deshizo en el aire...

... Como todo lo sólido –podemos apostillar– en chocante convergencia con la frase de Marx. Así contrapone Bergamín ese símbolo, dice él, «camaleóntico», cosmopolita, prefigurador de la sociedad de naciones con la España que, sin rebozo, en ese mismo momento «levanta ante nuestros ojos la estatua de Don Tancredo», casi «un filósofo» carnal e inmóvil. Símbolos –concluye– ambos arbitrarios y gratuitos, pero propios de esta fatal disonancia. Aquí se une a Ramón Gómez de la Serna: en la atención por la alegoría que compone lo nuevo, en la forma de escenarios comerciales, por contraste con lo dado, el atavismo taurómaco en este caso, alegorizador de otro eje cultural.

Analicemos un poco esta mirada, porque es la mirada del crítico. ¿De qué está hecha esta visión?. De cuatro cosas: la incorporación de las vanguardias con el barroco; la sensibilidad ante el tiempo; la apertura a lo no consciente; lo biográfico como vía de conocimiento de la época. Aunque entraremos en detalle en la segunda parte, en sus trazos generales podemos situar la visión global de Ramón sobre la sociedad del mercado espectacular incipiente como inmersa en las indagaciones que de un modo a otro pueblan

---

22 John Berger, «El momento del cubismo» en *El sentido de la vista*, Madrid: Alianza Forma, 1997, p. 156.

23 José Bergamín, «La estatua de Don Tancredo», *Cruz y Raya*, Madrid, mayo, 1934.

este primer tercio de siglo. Ortega (lector de Sombart, ya hemos dicho, es su par en nuestro contexto.)

Como el consumo es barroco, la atención a lo propio de este mundo de la mercancía es fruto de una operación clarificadora en la que, a mi entender, Walter Benjamin puede ser considerado como pionero y más amplio pensador. De hecho, cuando Benjamin está presentando la gran transformación en la época del consumo ostentatorio[24], deja dos marcas que están presentes en Ortega, Simmel, Pessoa y otros escritores que poetizan el momento –que lo piensan analíticamente a través de un prosa que no se aparta de las alegorías, sino que las utiliza de forma creativa, cuando no las inventa directamente: (a) la primera es la *afirmación del presente,* como tiempo propio de la cultura del consumo que nace y la segunda (b) es el *carácter de alegoría* que tienen los objetos del universo del consumo.

En la primera marca, a pesar de los numerosos textos narrativos, históricos o biográficos que tienen en común una estructura diegética, secuencial, Ramón se sitúa desde el comienzo en un tiempo sin tiempo, que es el de las ciudades, el del Rastro, en el de los miles de objetos enigmáticos que se echa a la vista. Ese tiempo que Simmel caracteriza como el *instante* (la moda marca un tiempo nuevo en el seno mismo de la industrialización progresista y utópica, mira a la vez al pasado y al futuro, y en ese instante trasmite una sensación de eternidad fugaz tan fuerte que ninguna otra institución la iguala[25]) y que Benjamin se atreve a nombrar, extendiendo de modo genial la alegoría de Nietzsche, como el *tiempo del eterno retorno* que es la característica del mercado[26]. La aparente intemporalidad de los textos de Ramón, la atención casi sin contexto que pone como bandera en las greguerías (que aquí cito por su valor contaminante, respetando que a la vez que era un don de sus escritura, a veces la razón venal, llevaban a una superproducción no tan reflexiva y provechosa) tiene que ver con la atención a ese tiempo sin tiempo que los objetos piden para sí. En medio de la repetición de lo nuevo –paradoja que el propio Deleuze[27] pasa por su criba– Ramón practica un esencialismo de lo que viene. Su ferozmente comprometida apuesta por lo nuevo no equivale a un compilación historicista en la que se van anotando las innovaciones como un tesoro que se acumula y crece.

Al igual que Benjamin o Arendt, su visión del mundo estriba en detectar el primero lo que asoma: el ser humano ha sido creado para ser inicio. No heredero ni vigilante legal o leguleyo.

---

24 La terminología se la debemos a otro pionero como es Thorstein Veblen, *Teoría de la clase ociosa,* México / Madrid: Fondo de Cultura Económica, V. orig. 1900.

25 Georg Simmel, «Filosofía de la moda», en Cultura femenina y otros ensayos, Madrid: Alba, 2000.

26 Walter Benjamin, *El libro de los pasajes.* Véase el análisis que desarrollo en *La fábula del bazar* y en «Freud, Lacan y el tiempo de la moda», en mi *Ética de lo inconsciente,* Madrid: Bibliotea Nueva, 2006.

27 Gilles Deleuze, *Nietzsche y la filosofía,* Barcelona: Anagrama, 1986.

La segunda marca tiene que ver con el campo mismo de la escritura: ¿de qué se habla aquí? De la vida cotidiana y su constante problematicidad, de la violencia silenciada o magnificada, de la incesante invención de objetos que pueblan el mercado cada día; que invaden, gozosamente, luego con tirantez, las casas, desde las acomodadas hasta las más modestas. En todas ellas habrá un calendario, una necrológica, una vestimenta de moda, una gama cromática o formal que sorprende,

El cuidado exquisito que Ramón despliega en contar e inventariar, en hacer hablar al infinito mundo de las cosas, radica en que todas ellas superan su condición de objeto y abren a un mundo animado –eso es el fetichismo de la mercancía… que las convierten en verdaderos jeroglíficos. La atención a eso cifrado, a eso enigmático que tienen las cosas grandes o menudas es lo que hace que Ramón avance embanderado en la *alegoría* como principal figura de las cosas del mercado y la ciudad, y como central rasgo de su estilo de analista y de escritor.

La forja de un estilo como el de Ramón es abigarrada y peculiar. Pareciera inevitable referir el entorno en el que escribe, aquél que en la mitológica *El escritor en vacaciones* compuso Barthes para señalar con perspicacia la tendencia a repetir espacios que adopta el estilo –que es lo que en la escritura cae del lado del cuerpo– de quien escribe. Ramón acumula y expone en el espacio íntimo un sin fin de *collages* que tapizan paredes y techos de su torre madrileña, de sus sucesivas casas y que reproduce en la última de Buenos Aires. Pero esta alusión ecológica, que puebla sus libros, que incluye farolas, maniquíes, fotos de Ortega, carteles de toros, y el más largo etc. imaginable en la cultura del *pop,* no alcanza a indicar el enorme y apasionado trabajo de elaboración textual con el que Ramón confecciona su metodología: el modo de entrarle a las cosas del tiempo. Lo importante es notar que participa de y crea en una intersección de variadas corrientes estéticas y morales que caracterizan el ensayo de la época.

Mallarmé y su *libro único*, la tensión por convertir, subvirtiéndolo todo, el mundo en libro, el universalismo y la globalidad de las imágenes que aparecen en los escenarios de la publicidad, los trasvases entre vanguardias pictóricas y creación publicitaria son otros tantos escenarios textuales e icónicos en los que Ramón se inicia y resulta pronto inventor reconocido. Su base la da la nueva sociedad que convive con los poetas simbolistas, que recibe la consigna transgresora de Rémy de Gourmont «¡la civilización no es más que una serie de transgresiones!», a la que el joven Ramón replica «¡cumplamos las nuestras!».

Por eso es significativa la traducción y publicación en 1910 –en su propia revista *Prometeo*– de la *Proclama futurista a los españoles*[28] de Marinetti. Ramón Gómez de la Serna, con su heterónimo *Tristán*, clama en la entradilla:

28 *Obras completas*, I, p. 302 y ss.

¡Arenga en un campo con pirámides! ¡Conspiración a la luz del sol, conspiración de aviadores y *chauffeurs*! ¡Abanderamiento de un asta de alto maderamen rematado de un pararrayos con cien culebras eléctricas y una lluvia de estrellas flameando en su lienzo de espacio! ¡Voz juvenil a la que basta oír sin tener en cuenta la palabra –ese pueril grafito de la voz! ¡Voz, fuerza, voz más que verbo!

Marinetti no quiere que España sea un paraíso del turismo, como Italia, prefiere que antes haya industrialización. Y Ramón integra esta veta. Pero el recodo propio de Ramón, como bien han visto entre otros Antonio Saura en su selección ilustrada[29], la greguería, condensa «la visión instantánea y saltarina, simultánea y polifacética, *a un tiempo barroca, cubista y surrealista*».

El presente que vuelca sus mercaderías y hallazgos aun en medio de las guerras –tras la Gran Guerra[30]–, el pasado con su tenaz presencia de ruinas y poderes y el futuro como urgencia señalada por artistas y vendedores, dan el tono del sustrato social de estos movimientos. Son las mentalidades y los modos de vida los que se ven atravesados por los movimientos artísticos. Precisamente porque el arte, capítulo especial de las exposiciones universales, se convierte en campo privilegiado de los objetos del consumo conspicuo y modelo del consumo no productivo en general[31].

El surrealismo y el cubismo merecen un tratamiento prolijo en Ramón, no exento de ciertos momentos irónicos, en los que quien ve el juego de las palabras y las cosas tan pronto como el primer dadaísta, si no antes, se ve menos reconocido a veces, incluso por alguno de sus contertulios del *Pombo*. Hay incorporación crítica en su texto *Mi hijo surrealista*[32], y hay afecto y perspicacia en su estudio sobre el «botellismo»–remedo chusco del «cubismo»–.

La incorporación de esos movimientos de vanguardia logra que Ramón dibuje un espacio y un tiempo que son un verdadero paisaje primitivo del consumo. Así lo caracteriza Esperanza López Parada[33]:

> ¡Futurismo! ¡Insurrección! ¡Algarada! [...] ¡Iconoclastia! ¡Pedrada en un ojo de luna!», vocifera Gómez de la Serna, escondido bajo el seudónimo de Tristán, en el prólogo al «Manifiesto Futurista» que Marinetti parece haber escrito *exprofeso* para la revista *Prometeo*. En medio de una conspiración de «aviadores y *chauffeurs*» contra el viejo estilo

29 «Carta imaginaria a Ramón Gómez de la Serna», en Ramón Gómez de la Serna. *Flor de greguerías*, Barcelona: Círculo de Lectores, 1989, p. 24. Tomo este dato de *Obras completas*, vol III, p. 15.

30 En uno de sus viajes a París, señala Ramón que en los mercadillos de l'Odéon se venden ropas y pertrechos de los soldados norteamericanos que participaron en la Primera Guerra Mundial. *Obras completas*, IV, *Variaciones* A.

31 «Botellismos», en *Revista de Occidente*, XC, Madrid, octubre-diciembre, 1930, tomo XXX.

32 En *Revista de Occidente*, Madrid, 1930.

33 Esperanza López-Parada: «Comprimido de palabras o pequeño diccionario de un manifiesto (la prosa programática vanguardista)» En Selena Millares (ed.). *Prosa de vanguardia*. Madrid-Frankfurt: Iberoamericana-Vervuert, 2014, pp. 315-370.

–contra academicismo y universitarismo, contra idilios y matrimonios, contra estatuas y religiones, contra la apatía de lo consensuado–, la arenga, publicada en la temprana fecha de 1910 y levantada sobre «un campo de pirámides», conforma la sonoridad de la violencia vanguardista para el ámbito hispánico. En mayúsculas y exclamaciones, el «placer de agredir» se mancomuna con el «recio deseo de estatura, de ampliación y de velocidad» al ritmo de un «gran galop» que martillee su juventud eléctrica «sobre todos los palios y sobre la procesión gárrula y grotesca», ofreciéndose así como ejemplo de lo que será el estilismo de la imprecación. Lo importante es que la frase corta y exclamativa, la secuencia descarnada de las apelaciones escenifica en el texto el griterío mismo que evoca: «¡Movimiento sísmico [...]! ¡Rejón de arador! ¡Secularización de los cementerios! [...] ¡Intersección, chispa, exhalación», se desgañita el vanguardista Tristán, maquillado de profeta laico. Con su exceso orador, el manifiesto se convierte gráficamente en el escenario activo donde se dramatiza la arenga con toda su mecánica gestual y su algarabía.

La mirada que acota el universo del consumo (que no es la mera compra, que es la invención de estilos de vida) lo hace valiéndose de los escenarios que los nuevos medios, los modos de las artes, la nueva escritura (entre demoledora y automática). Por ello decimos que este bazar de Ramón no solo arranca en el medio del océano de la nueva revolución (futurismo) sino en su transformación interior. Los instrumentos nuevos no son utensilios sino que son la urdimbre de la vida que se vive. No son solo lo manifiesto sino su otra cara, latente, innombrable. Sigue López-Parada:

> El futurismo había hecho de los signos impresos una especie de pintura imitativa del discurso y ahora también Gómez de la Serna proclama el imperio de una voz autosuficiente que se impone más allá y sin la necesidad de su «pueril grafito». Se trata en cambio de promover una textura más sutil, nos dice, como de «marconigrama», de líneas de teletipo, de silabismo de radar que vuele «sobre los mares y sobre los montes». El manifiesto se hace cargo entonces de las formas posibles de la irreverencia sonora y perfila la vanguardia como el nuevo arte de lo cacofónico –l'arte dei rumori, propugnado en 1913 por Luigi Russolo–, trasladando su furia a lo visual y perpetrando así sinestesias amelódicas y antimodernistas, vapuleos visuales, chirridos de la mirada.

En esa voluntad de marcar las relaciones impensadas de las cosas, las redes de la reificación, en las que queda dormido el conflicto tremendo y el encantamiento posible entabla Ramón su condición barroca. La reificación es un olvido, dijo Adorno, y este es el esfuerzo por componer lo no dicho, que –como los laberintos de bodegas de algunas localidades vinícolas o, en general, como las rutas del alcantarillado de las metrópolis– es más que lo que emerge.

Ya hemos sugerido en otro momento que el linaje barroco entronca, por vericuetos que aún habría que desbrozar, con la cultura del consumo en su variante sur. Pero sí que hay desde el comienzo de la estrategia ramoniana una voluntad de vincularse con los efectos de los campos de objetos, con las leyes que traman lo que hoy llamaríamos el universo del consumo, dándole a este término no un valor metafórico sino conceptual, denotativo: el mundo como mercado, como bazar. Un primer escenario económico y cultural que empieza a cerrarse como autoimagen[34]: una enorme factoría multilocal, dotada de recursos infinitos que llegan a diario a los mercados y en cada Exposición Universal están al alcance [...] como representación de todos los que concurren[35]. Pero ese contexto que trama los hechos tiene una veta específica que remite a la cultura, la propia operación de cultivar y nombrar estos procesos en la forma de la literatura y el arte. El sobre-realismo y la recuperación del barroco como perspectiva analítica.

Y junto a lo sobre-real, lo cotidiano visto de otro modo. La actividad publicística, publicitaria, de Ramón es el dispositivo que muestra la elaboración ramoniana del presente. La escritura se precipita y decanta todas las influencias en un ritmo —el estilo es el cuerpo— robusto y vivaz, humorístico y descreído de las formas. Son innumerables las obras que comenzaron siendo artículos de prensa, de quien, por lo demás no tenía otro medio de vida profesional[36]. Pero la publicación fugaz no implica pérdida de atención por un ritmo distinto, por una dimensión latente de la vida moderna, aparentemente a contrapelo del fulgor de las vanguardias y del futurismo. Ese *momento y estilo* del barroco en el que la sociedad de entreguerras produce continuos significantes para suturar los huecos y los conflictos es el tiempo que mejor describe Ramón.

Doy un pequeño rodeo por esta magnífica versión del barroco que hace Caballero Bonald y que, sin reducirlo a escritor barroco, tan bien le cuadra a Ramón:

La obra entera de Lezama es un paradigma de avidez de conocimiento a través de la escritura, de una escritura que, como él dijo del Góngora de *Las Soledades*, «nos impresiona como la simultánea traducción de varios idiomas desconocidos». Sin duda que sus normativas poéticas incurren

34 Baudrillard, en su celebérrima *La société de consommation*, sienta el principio sociológico de que la propia representación de la sociedad de consumo es el verdadero objeto de consumo. Este hecho es, no solo intuido por Gómez de la Serna, sino que gran parte de sus metáforas universalistas (por ejemplo la paz universal firmada en un circo) forman su «suelo natural» desde los años veinte. Las exposiciones universales permiten representar por primera vez el universo de las mercancías. Walter Benjamin lo recoge, como hemos visto, en un capítulo sobre «Exposiciones, Publicidad», de su *Das Passagenwerk, op. cit.*, capítulo C, vol. V1, pp. 232

35 Walter Benjamin, *op. cit.*, recoge el dato importante de cómo aprovechando estos escenarios mundiales se reunían en ellos las secciones de la Internacional de Trabajadores.

36 La relación de medios en que colabora (*La Tribuna, El Liberal, La Voz,* luego *El Sol* –cerca de Ortega– *Crisol, La luz*) incluyendo sus colaboraciones americanas y «de ida y vuelta» pueden verse en Luis Granjel, *Retrato de Ramón*, Madrid: Guadarrama, 1963, (coincide con la muerte de Ramón), s.t. pp. 59 y ss. De todos modos, su padre le consigue dos trabajos: en 1909, como Secretario de pensiones de la oficina española de París y desde 1914 a 1923 –año en que Primo de Rivera suprime esos cargos– Oficial Técnico de la Fiscalía del Tribunal Supremo. Puesto este al que Ramón dedica unas horas a media mañana.

en distintos préstamos culturales –barrocos, pero el resultado final va más allá: es un barroco enriquecido con una serie de innovaciones léxicas, sintácticas, morfológicas, solo atribuibles al rango de una técnica imaginativa de una extraordinaria vitalidad El hermetismo de Lezama, en el caso de existir, vendría a ser como la consecuencia del exceso de imaginación, del mismo modo que la presunta exuberancia de su código estilístico depende de la propia exuberancia sensitiva del autor Imposible no reconocer la sugestión múltiple de esa singularidad que puede rondar la hipérbole, que puede incluso agobiar por su opulencia, y que de hecho tiene mucho de excéntrica en el ámbito de nuestra cultura literaria.

Cuando Ramón se dedica a la invención de una nueva escritura, lo hace para componer a través de ella nuevos territorios que no copia, que instituye como de nuevas. Desde muy pronto subyuga su capacidad de contar cosas no vistas, no dichas, en un modo de escritura que será celebrado con sorpresa por sus contemporáneos y con profundidad por sus discípulos más insospechados como Octavio Paz o Lezama. Así dice Octavio Paz: «Hubo un momento en que toda la modernidad habló por la boca de Gómez de la Serna. Fue tan nuevo que lo sigue siendo: hace unos días, al ver unas obras del llamado pop-art, pensé instintivamente en Ramón […] ¿Cómo olvidarlo y cómo perdonar a los españoles e hispanoamericanos esa obtusa indiferencia ante su obra?».

Así Lezama: «Los escritores de su hora eran esencialmente distributivos. El acopio, el paso previo y el itinerario del posible, recibían las órdenes de una justicia distributiva, pero la suerte del lenguaje de Gómez de la Serna era muy otra, consistía en que era como un continuo de su lanzamiento a la piscina de Siloé de lo verbal. Su idioma jamás causa la impresión de una distribución que se recibe y se otorga, por el contrario, bracear, brazada, brazo, son sus intenciones y su fortuna de escritor». *(La Gaceta de Cuba*, La Habana. febrero de 1963).

A esta cita añado de nuevo a Caballero Bonald[37] (*ibid*. p. 200) cuando cita de nuevo a Lezama[38] para indicar que «la poesía –en verso o en prosa– llega a crear una sustancia resistente enclavada entre una metáfora, que avanza creando infinitas conexiones y una imagen final que rectifica el significado de lo existente».

37 José Caballero Bonald, *Examen de ingenios*, Madrid: Austral, 2018, p. 198-199.

38 La posteridad no ha sido piadosa con Ramón Gómez de la Serna. Al menos en este su propio país. Cuando Ioana Zlotescu presentó el primer volumen de las *Obras completas*, llamó la atención sobre un elogioso fragmento de Pablo Neruda en *Confieso que he vivido*. Como luego detallamos, hay otros valedores americanos de la obra de Ramón: un amplio grupo de argentinos que incluye a Jorge Luis Borges (léase una de las «Acotaciones» de sus recién rescatadas *Inquisiciones*) y los grupos vanguardistas de *Proa* y de *Martín Fierro*, para llegar a Julio Cortázar, que escribió una excelente reseña de *El incongruente* que anda por el volumen segundo de su *Obra crítica*, compilada por Jaime Alazraki. Pero también en México, Octavio Paz, a cuenta de la universalidad de la literatura española, vino a situar a Ramón en el ápice mismo de esa noción: «Hubo un momento en que toda la modernidad habló por la boca de Gómez de la Serna. Fue tan nuevo que lo sigue siendo: hace unos días, al ver unas obras del llamado pop-art, pensé instintivamente en Ramón […] ¿Cómo olvidarlo y cómo perdonar a los españoles e hispanoamericanos esa obtusa indiferencia ante su obra?» (*Las cosas en su sitio* [sobre la *literatura española del siglo XX*], 1971). Juan Carlos Mainer, «Ante las obras completas de Ramón», *Revista de libros*, 1 de enero de 1999. Véase más adelante, segunda parte.

La brillantez y la alborada de esta prosa incontenible viene dada no tanto por los temas que se eligen para discurrir sino por el modo de mirar y poner la pluma para capturar lo que está zumbando, lo que se entrevera, lo que no asoma del todo su rostro. Para ese decir a medias lo no dicho, o para decir indirectamente lo no accesible, Ramón echa mano de un recurso poderoso del lenguaje. Ese lenguaje dentro del lenguaje que comienza y acaba siendo su lugar natural, su gozar extremo y su cantera de penado con bola en el tobillo y traje de rayas. Sigue Mainer: «Y, con Ramón Gómez de la Serna, el descubrimiento del lenguaje secreto de las cosas e incluso del lenguaje secreto del lenguaje, tal como lo vio Giovanni Papini en su olvidado *Gog* (1932)». Retengamos ese lenguaje secreto de las cosas y ese lenguaje secreto del lenguaje.

Al ingresar en el mundo de las cosas, nada como estos fragmentos tan certeros de Borges:

> ¿Qué signo puede recoger en su abreviatura el sentido de la tarea de Ramón? Yo pondría sobre ella el signo Alef que en la matemática nueva es el señalador del infinito guarismo que abarca los demás o la aristada rosa de los vientos que infatigablemente urge sus dardos a toda lejanía. Quiero manifestar por ello la convicción de entereza, la abarrotada plenitud que la informa: plenitud tanto más difícil cuanto que la obra de Ramón es una serie de puntuales atisbos, esto es, de oro nativo, no de metal amartillado en láminas por la tesonera retórica. Ramón ha inventariado el mundo, incluyendo en sus páginas no los sucesos ejemplares de la aventura humana, según es uso en poesía, sino la ansiosa descripción de cada una de las cosas cuyo agrupamiento es el mundo. [...] Solo el Renacimiento puede ofrecernos lances de ambición literaria equiparables a los de Ramón.[...] Para el mayor de los tres Ramones, las cosas no son pasadizos que conducen a Dios, Se encariña con ellas, las acaricia y las requiebra, pero la satisfacción que le dan es suelta y sin prejuicio de unidad. [...] Bien asegurado a la vida, Ramón ha puesto la cachazuda vehemencia de su terco mirar en cada brizna de la realidad que lo abarca. A veces camina leguas en su hondura y vuelve de ella como de otro país. (*Martín Fierro*, año II, n.º 14-15, Buenos Aires, 4 de enero de 1925. Artículo recogido luego con variantes en *Inquisiciones*, Buenos Aires, 1925)[39].

---

39 Las notas de Borges están tomadas de la precisa selección de Martín Greco en *Lumia*. Selección de escritores hispanoamericanos. Internet.

La mercancía como espectáculo

*Siempre despertado, siempre comenzante,
era el incansable de un alba idiomática.*
José Lezama Lima, *La Gaceta de Cuba*, La Habana, 1963.

En este terreno del mundo que labró Ramón, quiero echar mano de algunos elementos de sobra conocidos en la retórica y en la composición literaria: me estoy refiriendo, como he dicho, a la alegoría, con su capacidad de traer a la vida lo que no se sabe o no se puede (aún) decir, me refiero a la metáfora que Lorca definió como un salto de caballo entre dos realidades, me refiero también a las continuas parábolas (acaso el mejor nombre para lo que se conoce como greguerías). Si escribe sobre el mundo es que está queriendo escribir el mundo, componer una rara y nueva sintaxis que articule las cosas que acaban de aparecer o que forman novedosas ruinas que ya son cosa nueva por sí mismas.

El caso es que Ramón cuando habla del mundo no quiere ni contarlo, ni respetarlo, ni dar de él noticia etnográfica o de costumbre. Quiere entrar en lo nuevo como lo recién aparecido, lo que no está causado por un antecedente poderoso o liviano. Por eso en lo que sigue hablo indistintamente de esas tres categorías: alegoría, metáfora, greguería. El mundo de las cosas es un mundo complejo y (lo diré) abigarrado, más que nada porque no muestra lógica ni cifra a la que aferrarse. Más bien sucede como con lo que uno amontona sin premeditar y de pronto descubre que hay una figura que componen sus partes, sus formas, incluso sus ruinas y que intuye que ahí asoma una palabra nueva sobre lo que hay. Por eso Ramón más que albacea, vigilante o narrador se ve a sí mismo como un lector de *fisonomías*.

Es esta una idea que pulula en la prosa del momento, no solo en la más cercana, sino en los comentarios que escritores y científicos reúnen en torno al enigma de un rostro o de una ciudad que se presenta con un carácter infranqueable. No se trata tanto de un lombrosismo determinista, sino de leer los rasgos del mercado, de la ciudad que lo contiene como manifestación de un interior complejo, novedoso e inexplicable. La fisonomía interesa a Poe, a Veblen, a Baudelaire… a Ramón. Quien es nuevo en un lugar ha de cuidar su atuendo y su presentación para ser interpretado correctamente, al igual que la ciudad que se abre a las nuevas formas de vida ha de cuidar sus espacios, bulevares, recintos de las exposiciones universales o locales, ha de presentar la mercancía como espectáculo inteligible a gentes que la ven por vez primera. La fisonomía de lo expuesto irá siendo poco a poco el verdadero rostro de los consumidores, que primero se conforman con mirar y medio siglo más tarde pasarán a mirarse.

Las formas de entender y de sintonizar son peculiares, variadas. Desde los centenares de visitantes a la expo de Londres (1851), París (1856), Londres, (1860), París (1865)… Viena (1873, que tiene un mirón totalmente nuevo: el estudiante Sigmund Freud, que habla como Baudelaire comparando al visitante con un rey que va de incógnito). Pero también ocurre en las americanas de Nueva York (1854), Filadelfia (1876), Chicago (1893), Nueva York (1939)… desde todas esas multitudes que ven desfilar los inventos, las innovaciones rutilantes, hasta los que, atentos a los escaparates de los nuevos *Magasins*, se quedan pegados al cristal, a la caída de la tarde, radiantes por ver cómo hacen caja en *Le Bon Marché*, para sentir que… ellos también son de París.

En el contexto de Ramón hay un hallazgo a pequeña escala que se vive como gran espectáculo y que, por superar la atención a los detalles de la vida cotidiana, es fundamental en la construcción ramoniana del bazar. Aturden y llaman la atención los grandes cartelones de la oferta de nuevos mundos que es la esencia de una *Exposición. La del 1907*, Exposición del progreso y de la industria que celebra Madrid para darse a sí misma el rango de capital del consumo, es objeto de noticia por parte de Ramón. En las mismas páginas de su *Automoribundia*. La noticia (como la que dan de sus primera expos tantos jóvenes que fueron notorios)[40]. A ella se suma la coronación del rey Alfonso XIII.

En la revista *Alegría*, del 19 de junio de 1907, se presenta el acontecimiento más espectacular para caracterizar el mundo del consumo incipiente que Ramón se echa a la pluma:

> Ya se ha inaugurado la Exposición de las Industrias Nacionales. Los más acreditados fabricantes y almacenistas exponen en ella sus mejores productos, nacionales, de aquellos no han sido importados, ni han necesitado para su progreso y desarrollo ninguna influencia extranjera […]

La ironía del noticiero va uniendo técnica y crítica política:

> El presidente Sr. Maura ha estrenado un maravilloso automóvil. Será del tipo que llaman popularmente «titilimundis» por las vistas que en ellos se disfrutan. Al destinado para llevar al gobierno se le pueden poner infinidad de motes y seguramente que el gracejo popular dará con el más adecuado. Tendrá que ver el ministerio en pleno echando una mano al freno cuando ocurra cualquier accidente en el camino. Supongo que el Sr. Maura dará orden al mecánico de que no adopte grandes velocidades, entre otras razones porque los gobernantes españoles no tienen prisa para nada.

---

40 Ejemplos de visitantes jóvenes, en nuestro *El bazar americano, op. cit.*, el muchacho de la expo de Filadelfia, 1876, Freud en Viena, en 1873, los visitantes de Chicago 1893, en la Big Wheel.

El Campo Grande del Retiro es el escenario donde se oye el himno de Bretón (nada lejos de la escena de la inauguración de la Exposición de Filadelfia en 1897, donde se toca a Wagner). La presencia de las autoridades, Alberto Aguilera y su secretario Coria, son motivo de evocación y de retintín: el exalcalde ha compuesto un himno que reza «diáfanos horizontes, solitarias alamedas, fantasía que suena». El género chico es colocado como uno de los embutidos exhibidos (Arniches). Trigo, Morete, Garulla, Unamuno, Doña Emilia Pardo Bazán son autores expuestos, junto con sus aduladores (Burell, que ha escrito tres artículos en su vida). La sombrerería de sombreros de paja es modelo de la nueva industria. Los nuevos polvos para higiene íntima y la proliferación de los zapatos que permiten lucir los nuevos fetiches del cuerpo humano: las pantorrillas.

Ramón tiene la primera inmersión en el mundo del consumo como espectáculo. La exposición de la industria le parece una conmemoración del Progreso, y añade en el estilo del objeto concreto ramoniano: «y se veía cómo se fabricaba el jabón y el queso de bola y los vasos de cristal» (*Automoribundia*, *ibid.*, 212). De la misma manera que los pequeños objetos son el botón de muestra de las grandes ferias mundiales (daguerrotipos en Nueva York, 1854, *pop corns* y una fuente inagotable de agua con gas en Filadelfia, 1879, los documentales breves de Edison en Chicago, 1893, etc…), los hallazgos de la visita a la feria madrileña, con ser nacional y orgullosa de serlo –al decir de los castizos redactores de la revista *Alegría*…– son un verdadero espectáculo que Ramón no deja de inventariar en su memoria de adulto:

> Había venta de abanicos, de sombrillas, de flores artificiales y el puesto
> que más recuerdo es el de una fábrica de perfumes, con pequeños surtidores alrededor de su quiosco hecho con pedazos de azulejos, y en los
> que se impregnaban gratuitamente los pañuelos del público (*ibid.*, 213).

Esas vetas tan castizas y populares se ven entreveradas por los verdaderos productos «industriales» –de la industria del espectáculo, si ya se puede llamar así– como las maquinas verascópicas que permiten ver bañistas y belgas, la gruta artificial del café Chino… la coronación y la feria dan como resultado un consumidor único «el niño número uno de mi tiempo, el que nos representaba siendo rey se puso la corona de sus mayores».

La dedicatoria de *El Rastro* es muy elocuente para ver la calidad de la mirada de Ramón. Aquí queremos acompañarle en su desvelamiento del mundo: el mundo tal como es a diario, sin costumbrismo[41], o con el justo para permitir abrirse a otra dimensión que ahora nos interesa. Cómo está hecho y, más aún, por qué es así. Parecieran preguntas pertinentes. Esta es la dedicatoria:

> Al justo y trágico Azorín, que es el hombre que más me ha persuadido de
> modo grave, atónito y verdadero con que sin malestar ni degradación ni

---

41 María Asunción Fernández Pozuelo, en su tesis doctoral *Ramón Gómez de la Serna y el costumbrismo*. Zaragoza: Universidad de Zaragoza, 2016, argumenta por extenso los pros y contras de esta etiqueta ramoniana.

abatimiento solo crei poder estar persuadido secretamente de mi vida., le dedico este libro con el oficioso y tímido deseo de consolarle de vivir entre gentes inconfesas y de estar dedicado al más agudo y al más disimulado de los sarcasmos en el centro de seriedades inauditas y aclamaciones extrañas. (Dedicatoria de *El Rastro*, Galaxia Gutenberg, 2002).

En *El Rastro*, es decir muy temprano en la obra de Ramón, comienza a fraguarse un modo de mirar y de contar que no es la mera enumeración de extravagancias cotidianas, o de rarezas naturales. El carácter paradójico de estos enunciados lleva a una exploración más detallada y al mismo tiempo más formal: más atenta a la manera de decir las cosas que al contenido de los fulgurantes enunciados. El Rastro es el descubrimiento de la alegoría como recurso expresivo y, al tiempo, como procedimiento de invención. La potencia de este itinerario viene desde muy pronto acuciada por la intuición y la voluntad de que, cuando contamos el mundo, se trata más de deshacer que de hacer. El recuerdo inmediato es el de aquella figura ilustre de nuestra primera literatura, el Rabí Sem Tob, de Carrión de los Condes, que promovía el ejercicio de «escribir con las tijeras». Es la *maqama*, o fábula, conocida como *El debate entre el cálamo y las tijeras*. Quitando y no poniendo, es decir aflojando y no apretando, es decir deshaciendo y no haciendo. Ese es el lema que Silverio Lanza dedica a Ramón y que este levanta como una bandera de desafío al empezar *El Rastro*: «¡Oh, si llega la imposibilidad de deshacer!». Posición tomada, muy pronto, contra la cristalización de las costumbres, la fijación de las identidades, la unicidad domesticadora de las formas de vivir.

La amalgama, la yuxtaposición de planos, objetos, esquinas, forros, lamparillas y aun brillos en la punta de la nariz apuntan a una realidad de orden mayor: la alegoría. Ramón –como otros contemporáneos, Benjamin, Pessoa, Bergamín– introduce el modo de mirar y de narrar que tiene a la alegoría (un decir oblicuo de algo que no se entrega por lo derecho) como aliado principal. La pretensión no es cambiar simplemente de estilo. Es producir un libro inclasificado, violento, ultravertebrado, cambiante y explorador, libro libre en que se libera el libro del libro.

La yuxtaposición y amalgama que el Rastro presenta, interesan a Ramón –pese a su título de capítulo inicial– no para contar las cosas objetivamente, como objetos, sino para decir algo del estruendo que producen dentro, de forma fugaz y duradera, los productos que se ofrecen en la forma de mercancías.

Recordemos dos fragmentos de clásicos que nos ayudan a explicitar mejor este hallazgo maravilloso. El primero está en Marx, es muy conocido, en el primer capítulo de *El Capital* y parece –desde esta óptica ramoniana– un relato de dibujos animados:

Una mercancía parece ser, a primera vista, una cosa evidente y trivial. De su análisis resulta que es una cosa de lo más endiablada, llena de sutileza metafísica y de entresijos teológicos. En tanto que es valor de uso,

31

no tiene nada de misterioso, lo mismo que se mire desde el punto de vista de que, en virtud de sus propiedades, satisface unas necesidades humanas o que adquiere esas propiedades solo como producto del trabajo humano. Es palmario que el hombre, mediante su actividad, altera las formas de las materias naturales de un modo que le resulta útil. La forma de la madera, por ejemplo, queda alterada cuando se hace de ella una mesa. Y, sin embargo, la mesa sigue siendo madera, una cosa sensible ordinaria. Pero desde el momento en que se presenta como mercancía, se trasmuta en una cosa sensible y, a la vez, suprasensible. No solo está colocada con las patas en el suelo, sino que se coloca de cabeza frente a todas las demás mercancías, y en su cabeza de madera desarrolla unos caprichos mucho más extravagantes que si se pusiera a bailar por libre voluntad. El carácter místico de la mercancía no brota, por tanto, de su valor de uso. Ni tampoco brota del contenido de las determinaciones del valor. (Karl Marx, Libro I de *El Capital*).

Esa cualidad de animarse que tienen la cosas y que es el primer y gran descubrimiento de *El Rastro* –un descubrimiento hecho en terreno propio, cercano, en apariencia castizo, en realidad escalofriante, si se mira despacio, esa es la realidad en la que las cosas se manifiestan como objetos y a la vez como seres oníricos, de pesadilla, de promesa mágica. Sigamos un poco con Marx:

La forma de mercancía y la relación de valor entre los productos del trabajo en que dicha forma se representa, no tienen absolutamente nada que ver con la naturaleza física de los mismos ni con las relaciones propias de cosas, que se derivan de tal naturaleza. De ahí que para hallar una analogía pertinente debamos buscar amparo en las neblinosas comarcas del mundo religioso. En éste los productos de la mente humana parecen figuras autónomas, dotadas de vida propia, en relación unas con otras y con los hombres. Otro tanto ocurre en el mundo de las mercancías con los productos de la mano humana. A esto llamo el fetichismo que se adhiere a los productos de trabajo no bien se los produce como mercancías, y que es inseparable de la producción mercantil... (Karl Marx, *La forma fetiche de la mercancía*).

Como le ocurre a Marx, permítaseme la extrapolación, Ramón también detecta el embrujo, el hechizo (*feitiço*)[42] que lo recién producido, o lo recién reacomodado, o reinventado como cosa ofrecen a todo el que mirare. Fetiche que también afecta a nuestro inconsciente, por la vía que Freud insinuó en sus *Tres ensayos para una teoría sexual*. Sin haber inventado el concepto de fetichismo, que le precede, Freud arrima elementos que a la óptica de Ramón convienen:

El sustitutivo del objeto sexual es, en general, una parte del cuerpo muy poco apropiada para fines sexuales (los pies o el cabello) o un objeto

---

42 Marx utiliza el concepto de fetichismo de la mercancía para describir un «embrujo» que rodea a los bienes producidos bajo el sistema de producción capitalista.

inanimado que está en visible relación con la persona sexual, y especialmente con la sexualidad de la misma (prendas de vestir, ropa blanca).
Este sustitutivo se compara, no sin razón, con el fetiche en el que el
salvaje encarna a su dios.

El envoltorio, el fenómeno malla que relaciona todo es este poder que
las cosas del mercado tienen. En cuanto se convierten en mercancía. No hace
falta que sean hermosas, recientes, rutilantes: basta con que se ofrezcan
como mercancías que buscan, de forma azacanada a veces, un equivalente
del mercado que les permita salir de sí, expandirse, colonizar. Como la moda
–conjunto de formas que abraza todo lo que se mueve– es un fenómeno social total. Eso llama poderosamente la atención de Ramón, en su lenguaje:
no es el tratado sino la fábula, no es la figura sino lo que de modo tortuoso,
enigmático, brillante, desopilante la cosas cuentan.

La amalgama que será el recurso narrativo de la alegoría aparece relacio-
nado con el mundo incipiente del consumo en los textos de Walter Benjamin,
que tanto recuerdan la Ribera de Curtidores de Ramón. Lo más llamativo, a mi
entender, es que el plan de Ramón es más amplio y universal que la mera noticia local de unas calles del viejo Madrid. En el *Prólogo*, hace una fulgurante descripción, apropiación más bien, de las ciudades que contienen y comprenden
un rastro. Las Pulgas de París, Whitechapel londinense, Venecia, Nápoles,
Pisa... lugares que el jovencísimo Ramón va recorriendo y que, cuando escribe
este texto de las cosas del mundo de la Ribera de Curtidores, presenta con la
benjaminiana expresión «el mapamundi del mundo natural» (*El Rastro*, ER, 17).
La vía de exploración que se desprende de todo descriptivismo lo recibe el autor de esa misma pluralidad universalista de lo concreto[43]. Es llamativo que la
expresión aparece casi textualmente en el *Libro de los Pasajes* de Walter Benjamin, cuando da cuenta de la pluralidad caótica de los escaparates y espacios de mercado anteriores a la renovación de las ciudades y la aparición del
grandioso mundo de los Pasajes. Entre lo casi pasado y lo casi advenido Ramón reúne las sensaciones del mundo al que titula *El Rastro*.

Precisamente Benjamin llama a estos conjuntos de sensaciones, de percepción de otro mundo que se entreverá con las novedades de lo anticuado,
Paisaje Primitivo del consumo.

Como desarrollo en mi trabajo *La fábula del Bazar*, Benjamin elabora el
plan del *Libro de los Pasajes*[44], sitúa un punto de arranque en el que aparece el
paisaje primitivo del consumo, junto con otra expresión llamativa: el último refugio de la mercancía. El polo inicial del procedimiento de construcción alegórica,

43 La expresión que designa al investigador como «generalista de lo concreto» se la debemos al maestro Alfonso Ortí.

44 La hipótesis es que se trata de un verdadero libro, más allá de la malicia adorniana, que le atribuye
la intención de mera yuxtaposición de fragmentos. «Este trabajo debe desarrollar hasta su más alto
grado el arte de citar sin comillas. La teoría de este arte está en correlación muy estrecha con la del
montaje» [N1, 10].

es revelar la fantasmagoría del siglo XIX. Esta elaboración requería no solo un uso nuevo de la alegoría, sino un cambio en los elementos de los dos extremos de tal construcción: el relato explícito y el relato socialmente prohibido y por tanto, en cambio, en la construcción misma. No es una mera aplicación de un procedimiento ya listo a casos nuevos (quien dijo drama barroco diga ahora paisajes del consumo): cada relación alegórica, por ser de dos planos de relato, uno remitiendo veladamente al otro, ha de ser peculiar, concreta, nueva precisamente por ser reconstruida a partir de los textos que circulan, como prácticas y como mitos. Se trata de *otra* construcción alegórica en la que la exigencia, para Benjamin, para cualquier estudioso atento, es detectar lo que de *otro, de inaugurador* trae el nuevo texto social, sus arcas abiertas en las que no necesariamente se vende el buen paño pero sí se vende la obligación social de ir a verlo.

En concreto aparece, pues, en el primer plan de los pasajes [PN], entre la rúbrica *surrealismo* y separado por una barra de la rúbrica *colores*. Por las notas que toma Benjamin parece que, en el desarrollo de su intuición básica –teórica: es un ejercicio de mirar, a cuyo servicio construirá y remodelará conceptos–, hace una primera aproximación que se asemeja a los procedimientos de inmersión en un trabajo de campo, a la observación participante. Su guía es el despojamiento de las categorías que bloquean, para poder hallar nuevas y no patentes relaciones. Se podría decir que las anotaciones de Ramón en este desgranar imágenes del Rastro tiene mucho del tanteo analógico para ver dónde salta la alegoría: el modo no visto de engarzar experiencias. Por eso Ramón no dice «es como» sino salta a otro plano de realidad que, aparentemente es picante o chispeante: en realidad es una invención del mundo que recorre.

¿Qué hacía Benjamin? Las primeras anotaciones que se anudan en el concepto de *Paisaje primitivo del consumo*, son muestra de su capacidad de establecer analogías productivas, no desfiguradoras ni reductivas[45]. Su forma de anotar es la de un diario de campo en el que la guía tiene que ver con lo organoléptico, con la atención a lo fantasmagórico, con la especial percepción de quien se sumerge en un espacio con una atención flotante, como en un sueño, como en las experiencias fugaces y duraderas –por su propia lógica de afinidades– de la infancia o del viaje.

El procedimiento de exploración rescata –sobre el bastidor del fetichismo de la mercancía como nueva fantasmagoría en acción– tres perspectivas, tres metódicas: el surrealismo con su hallazgo de las afinidades secretas entre los objetos, el sistema de flujos energéticos y de metamorfosis de la naturaleza, y el mundo de la ensoñación de la mirada infantil tan próxima al hallazgo del sueño psicoanalítico.

45 Barthes habló en su autobiografía de *Le démon de l'analogie* –préstamo que toma de una nota poética de Mallarmé– para matizar el posible uso neutralizador de la analogía entre campos o fenómenos cuya relación se intuye, pero no está establecida. Quizá el demonio de la analogía lo entiende mejor Benjamin en la vida: como en el *Berlín demónico*.

En una anotación interrumpida de las PN apunta el primer modo de mirar, centrado en la yuxtaposición de objetos, tan prolijamente perseguida en los fragmentos mayores de la obra y hasta en las ilustraciones y objetos de su colección:

Un mundo de afinidades singulares y secretas: la palmera y el plumero, el secador de pelo y la Venus de Milo, las botellas de champán, las prótesis y los manuales de correspondencia [A°, 4 del *Libro de los Pasajes*].La evocación tiene que ver con la biografía, con los hallazgos inaugurales: rescatar la forma de mirar que uno tenía,

Cuando, de niños, recibíamos como regalo las grandes enciclopedias tituladas el *Mundo y la Humanidad* o *la Tierra* o incluso el último volumen del *Nuevo Universo*, ¿no nos hemos abalanzado todos sobre la plancha de colores que representaba un «Paisaje del Carbonífero», o sobre la que mostraba «la fauna de Europa en la Era Glaciar», no nos han atraído desde la primera mirada las afinidades mal definidas entre los ictiosaurios y los aurochs, los mamuts y los bosques? Se trata, pues, de una misma pertenencia, de un mismo parentesco primitivo que nos revela «el paisaje de un pasaje» [*le paysage d'un passage*]. El mundo orgánico y el mundo inorgánico, la postración abyecta y el lujo insolente anudan la más contradictoria de las relaciones, las mercancías se apilan y se suceden tan libremente como las imágenes de los sueños más locos. Paisaje primitivo del consumo. [A°, 5].

Se trata de una asociación, de una composición entre la mirada que detecta lo heterogéneo imprevisto –por recién inaugurado– con el trabajo del sueño como vía de conocimiento. Como desarrollará en textos centrales y conocidos de los *Pasajes*: «liberar las fuerzas enormes de la historia que están adormecidas en el érase una vez de la narración histórica clásica» [O, 71]; o en el célebre pasaje programático: «el nuevo método dialéctico de la ciencia histórica… que consiste en vivir el antaño con la intensidad de un sueño para ver en el presente el mundo despierto al que el sueño se refiere» [F, 6].

Como vemos, el mundo de la alegoría tiene o crea un destinatario para que lo conozca: el sueño. Solo entrecerrando los ojos, estando distraído, pasando en otra dirección de la habitual, las formas fetiches entregan indicios, fantasmas (fantasmagorías) que permiten intuir, ir entrando en el mundo de las cosas que no sabemos decir, interpretar, por más que formen nuestra propia intimidad.

Por eso, como señala Wolin, Adorno se ve insatisfecho o decepcionado porque entiende que en el proyecto es fragmentario y no completo. Qué no diremos de la capacidad disgregadora o fragmentadora de Ramón que no hace nunca tratado sino desde la ironía de componer un libro enterizo, en apariencia, en realidad porosamente atravesado por diversas líneas de fuga… Hubo quien le llamó fragmentado a él mismo o quien le negó su capacidad poética por atender a dar razón (en el fondo razón poética) de la hechura misma de las cosas y su enigma.

Un elemento que pide mayor atención es precisamente la percepción del tiempo que la escritura compone. Ramón parece suspender el tiempo del fluir histórico para sostener en su mano lo peculiar de una mercancía, de una escena, de un pasaje. De modo más desarrollado –puesto que su interés es directamente teórico y su bagaje no es la creación sino el análisis– Benjamin exhibe la tensión del *Angelus Novus*, ese figurón que mira a la vez al presente y al pasado. ¿Qué quiere hacer él? A mi entender algo no distante de Ramón cuando se mete en *El Rastro*: dilucidar la rara articulación entre antiguo y moderno. A sabiendas de que ese proceso no agota lo nuevo y jeroglífico que viene en cada cosa.

El punto focal teórico sería el concepto de prehistoria del siglo XIX (*Urgeschichte des 19ten Jahrhunderts*) o una «prehistoria de lo moderno». Tal como había probado en el libro del *Trauerspiel* a través de las ruinas de la edad barroca para revelar la concepción subyacente de la historia como «historia natural», en el Proyecto de *Los Pasajes* Benjamin intentaba en una veta similar exhumar los rudimentos de prehistoria –tales como mito, destino, y el siempre-lo-mismo– pese a la aparente fantasmagoría de *nouveauté*, el incremento fantástico de las mercancías e innovaciones que situó al siglo XIX bajo la bandera de «lo moderno»[46].

Lo interesante es que esa mirada a los entresijos de las cosas, a su prehistoria, o mejor protohistoria de lo moderno no reposa sobre una forma de circularidad o de tiempo abolido. Ni protohistoria, es decir *Urgeschichte*, es un momento temporal anterior, ni este es un principio explicativo que sitúe en un origen dado la clave de los fenómenos heteróclitos del consumo moderno en sus inicios. Dice Wolin, y nos viene bien para cerrar la comparación entre las dos miradas (Ramón/Benjamin):

> Su intención, sin embargo, era menos demostrar cómo las manifestaciones mismas de la prehistoria recurrían en lo moderno, que mostrar cómo lo moderno mismo regresaba al nivel de la prehistoria. O, más precisamente, pensó demostrar cómo la proliferación fantasmagórica de nuevas mercancías que distinguía la vida urbana bajo las condiciones del capitalismo del siglo XIX en realidad constituían una regresión a la noción de «eterna recurrencia» o «repetición mítica»; esto es, representaba un regreso a la noción de tiempo cíclico dominante en la vida prehistórica, en la medida en que las mismas novedades eran completamente intercambiables. Cuando se contemplaba desde el punto ventajoso del consumo, la producción de mercancías a gran escala significaba la reversión hacia un Gran Mito: la reproducción de lo continuamente igual bajo la apariencia de la producción de lo perpetuamente nuevo (*ibid.*).

46 Richard Wolin. *Walter Benjamin. An Aesthetic of Redemption*, p. 174 (cap: «The Adorno-Benjamin Dispute»).

Los términos, de Wolin o de Adorno, a expensas de una aclaración mayor (del tipo matizado que Buk-Morss hace en su trabajo sobre el origen de la dialéctica negativa) no son correctos. A lo que parece apuntar el *Proyecto*, e incluso las primeras notas [PN], es más bien a un desplazamiento: la analogía como conector entre estadios de la historia (lo prehistórico - lo barroco - lo moderno) se ve superada por un trabajo con la alegoría. Ésta se entiende ahora no como una aplicación de un caso principal (la redención en el presente continuo, cíclico) a los avatares que lo alegorizan (el desvelamiento del ensueño barroco, o de las ficciones de la primera cultura del consumo de masas), sino como un método abierto que pretende inventar, en cada momento de inicio, en cada nuevo escenario social y cultural, la otra escena, el relato otro que queda oculto tras su apariencia.

Este es a mi juicio el punto de encuentro entre el ramonismo de Benjamin o el benjaminismo de Ramón lo que producen es un relato iluminador, ejercicio del conocimiento de lo nuevo, que no será siempre el mismo, ni alegoría de un supuesto *Ursprache* (por extensión: de un relato) originario en el sentido de ya dado. Habrá que buscarlo, como quien tantea nombres, imágenes, relatos, para lograr dar con lo que está en juego en ese inicio: en este caso el de una sociedad que inventa las nuevas fábulas, nuevos ritos, nuevos paisajes urbanos, para reproducirse superando su crisis.

La vecindad entre Ramón y Benjamin pide exploración más menuda. Nosotros hemos señalado la reseña que Benjamin hace sobre *El circo* de Ramón, como luego comentaremos más en detalle. Aquí destaco la cercanía casi textual entre *El Rastro* y los textos benjaminianos del Proyecto. No es de extrañar que la mirada de Ramón sea atenta a la pluralidad y a lo que por debajo de ella crea emergentes: en la variedad de ciudades con mercado marginal, «lejos del Rastro asiduo, (ha detectado) la misma asiduidad de las cosas, la misma flaqueza y la misma flagrancia de los hombres, la misma consumación» (*El Rastro*, 17). Pero es esta expresión de «el mapamundi del mundo natural» el broche más ceñido. Puesto que la apariencia de las mercancías es caos, heterogeneidad, anacronismos, promesa de renovación: puesto que todo esto es como el mar. Todos son restos disolventes y todos son aplacatodo. Veamos esta llamada general, como un clamor:

¡Y qué cosas! Cosas carnales, entrañables, desgarradoras, clementes, lejanas, cercanas, distintas: cosas reveladoras en su insignificancia, en su llaneza, en su mundanidad «¡Maravillosas asociadoras de ideas!».

No importan tanto las cosas como objetos, como productos o como utensilios que se buscan con verdadera avidez. La misma fiebre de los rebuscadores de los rastros parece la clave para entender que se trata de lo que medio dan a ver tales cosas en barahunda. Es la búsqueda de lo que hechiza –siquiera de manera fugaz y hasta pobre manera– en ese nacimiento chusco de la nueva manera de las mercancías. Entre heces y orina, entre chafarrinones y costras, entre desazón y fingimiento de naturalidad. Ahí arraiga el modo nuevo del mundo del consumo entre el fin de siglo (en España sin apenas *glamour* y brillo) y el nacimiento de un siglo XX descomunal: los grandes almacenes, las exposiciones universales, los pasajes del comercio se repliegan con horror ante el surgimiento de la Gran Guerra.

Parece que la misma disposición urbanística, que en principio presentaba una breve apertura en la parte cabecera de la calle (el *Tapón* del Rastro) daba paso a un mar –la metáfora de Ramón es de una enorme potencia– en el que viene a dar todo lo que es *detritus*. Originariamente los restos orgánicos de las curtiembres, los humores de dudosa apariencia, el aire detenido e irrespirable (la *ribera* de curtidores, pareciera que va a dar al mar... camino del río chico de Madrid) todo ello forma el humus del lugar de la nueva magia. Que solo quien va en soledad y muchas veces es capaz de percibir y de someter a la pregunta «qué traes de nuevo», pues esa es la promesa angustiosa, que se disfraza de chanza y paseo despreocupado, que encierra el Rastro. Veamos:

> El Rastro es un juego de mar, pero no de cualquier mar, sino de un mar aislado como el Mar Negro, el mar de aguas más espesas y más repugnantes, aunque a la vez aguas más azules, un mar así, central, cerrado por todo un continente, y que además se comunicase escondidamente con los demás mares. Un mar continental, secreto, salado, que, a través de una estrecha bocacalle entrase de vencida en la blanda playa del Rastro para abrir a ras de tierra su mano llena de cosas (*El Rastro*, 18).

Cuando Ramón destaca que lo importante no son las cosas sino las imágenes, las maravillosas asociadoras de ideas, está abriendo la puerta a un modo de escribir y analizar que, vecino del surrealismo, entra en los dominios del discurso de lo inconsciente, es decir del hallazgo del psicoanálisis. Por eso dirá muy poco después que él frecuenta y trabaja «sus psicoanálisis». Pero eso viene más tarde. Aquí lo señalo nada más.

Benjamin dirá que los pasajes son como grandes peceras en las que surge una vida completamente nueva. Otra imagen de agua para disolver la dureza de las cosas que se fijan como roca amalgamada. Como en su experiencia de otra ciudad, Moscú, (*Einbahnstrasse*), el agua forma parte de la experiencia de distancia, de extrañeza y de esta comprensión de lo inabarcable.

Las cosas del Rastro no son ruinas, no son precarias, comienza la interpretación de la alegoría de Ramón, sino que se orean como en el descanso del final. No tienen ni el valor hipócrita de las cosas de anticuario (no olvidemos la figura del chamarilero de Benjamin en *Los Pasajes*) no son ruinas, ni son objeto de turismo, ni tienen el falso carácter salvador de los museos. Este desplante radical evoca obviamente el acontrapelo de las alegorías de Benjamin (el chatarrero, la prostituta, el *flâneur)*. Son, como para Ramón figuras a contrapelo porque pueden disfrazarse de productivismo pero ya están apuntando a otra realidad que ofrece la mercancía en la forma de un consumo sin meta, de un despilfarro.

Ello no quiere decir que entre las primeras imágenes del Rastro –no digamos en su segunda edición de los treinta o en la posguerra, cuando se consagra como un objeto fetiche a su vez– están los que aprovechan, los que encuentran, los que maximizan, los que se alegran de una pieza que no tenían y el escenario les proporciona sin quererlo. Esta última posibilidad es la que abre al mundo *del consumo sin provecho*: la primera lección de la alegoría del Rastro. Quiero decir que el espacio del mercado provee de un criterio que va más allá de lo útil que pueda resultar el objeto conseguido: sería la peculiar «utilidad del rastro». Algo que permite alardear de un precio asequible, de un aspecto más o menos presentable, de un destino razonable, según las categorías del Rastro.

Ese consumo sin utilidad verdadera lo es precisamente porque «es sobre todo, más que un lugar de cosas, un lugar de imágenes y de asociaciones de ideas, imágenes y asociaciones sensibles, sufridas, tiernas, interiores, que para no traicionarse, tan pronto como se forman y a continuación, se deforman en blancas, transparentes, aéreas y volanderas ironías... ¿Cómo y hasta qué punto darían explicaciones por haberse formado?... Se suceden unas a otras sin detenerse por tremendas o balbucientes e ingenuas, y se las acepta y se las sonríe, o se las lamenta y se las suelta».

Lo que importa no son las cosas, por más que haya muchas y muy variadas. Lo que importa son las figuras que las cosas componen.

Eso que es una imagen y además una imagen peculiar es el verdadero objeto de consumo del rastro. Diría, otra vez, parodiando al Walter Benjamin de las exposiciones universales, que ese objeto que es imagen es el que nos disciplina para entrar en un universo de consumo hecho de promesas, de cómosíes, de formas sin sustancia, de atractores sin destino que nos encuentran y nos enlazan según deambulamos. El mundo del consumo en el sentido propio se gesta en esa feria de vanidades. De la misma manera que los grandes escenarios del consumo norteamericano del cambio de siglo (XIX-XX) se fraguan en las ferias de alimentos y ganados que ocupan las calles aledañas a Wall Street, tal como nos describe otro visionario mayor que es José Martí[47].

La segunda lección alegórica es la de la *peculiaridad*. ¿Qué nos enseña el rastro? A reconocer el aura (perdida o conservada) de cada cosa. Se trata del objeto y sus greguerías. *El objeto y su nimbo estricto*. El objeto espontáneo, crudo, plástico, cínico, abundante, irónico, animoso ante la muerte y bastándose a sí mismo.

No nos queda sino decir que todo parentesco con la noción de *aura* benjaminiana[48] no es mera coincidencia. Ricardo Ibarlucía ha desvelado *in extenso*

47   José Martí describe y analiza el sentido oblicuo de esta ciudad –«Todo lo olvida Nueva York en un instante». Con ese mismo título, véase mi texto en Saavedra Fajardo, 2017, y, sobre todo en Marinas y Santamarina, *El bazar americano en las exposiciones universales*, Madrid: Biblioteca Nueva, 2015.

48   Ricardo Ibarlucía, «Sobre el origen del concepto de aura en Walter Benjamin: nueva perspectivas críticas». Instituto de Filosofía. CSIC. 11 de junio de 2014.

la raíz francesa del aura benjaminiana. Lo cito voluntariamente puesto que esa noción ramoniana del nimbo estricto no parece lejos de su frecuentación de los surrealistas, de los cultores de las nuevas figuras cotidianas, de los parisinos a los que se acerca tan pronto como esto escribe.

La ganga de las perlas que entrega lo nuevo, se expresa en esta enumeración de deseos que es más que relevante:

> Que el oficinista descorazonado, el político desengañado, el enamorado escéptico en el fondo de la mujer a quien ama, el amante o el ex amante de una bailarina cuyo amor llena siempre el alma de inquietudes implacables y de acedías sin cura, el artista dolido de su genio, el hombre que no quiera ser padre por razones libertarias y paternales, el hijo aplastado por su casa, el hombre que padezca de estupor ante lo imposible que es de creer ninguna doctrina, la mujer brutalizada, escarmentada y arrollada por todo y hasta los pobres perros vagabundos llenos de escalofríos y de quejas humanas, que todos ellos encuentren alivio y conformidad en este libro (*El Rastro*, 25).

Lo he llamado ganga porque pareciera que la mena son las historias y fragmentos, las parábolas y greguerías de las cosas. Pero por fin, aquí, caemos en la cuenta del valor de estas parábolas de cosas: *de te fabula narratur*. A ti se refieren las soledades de las camas que se venden, de las lámparas que cuelgan, de los puñales que se dan de tapadillo, de las máquinas desvencijadas que prometen reparaciones más que reparadoras del mundo, las pipas, los paraguas, los pomos de puerta, las puertas sin paredes que se exhiben como velas de barco, y los acompañamientos de los negros paños de las cantinas, ácidos como la misma dudosa pitanza que ofrecen, los vinos de tinta de maquinaria que se dan a beber, lo oscuro, lo raído, lo apelmazado, lo tuerto, lo amputado, lo ciego. A ti se refiere la gran alegoría que compone el rastro. El retrato de una sociedad amarga que apenas enseña las antenas de una nueva vibración. A sabiendas de que todo lo (serio, formal, realista, instituido) que se entreteje con ella tenderá, de suyo, a hacer imposible que nada nuevo nazca.

Ese es el reto libertario –palabra que disemina Ramón por doquier– que afronta la escritura y la postura de este joven escritor que interpreta el mundo que viene, que, entre nosotros, en el contexto español, no acaba de venir.

Tal es así porque incluso el plano de la cultura ida, los restos de la exaltación decimonónica se ven rodeados, tapados por el mundo variopinto del rastro: «la vida alrededor de la estatua (de Eloy Gonzalo, el héroe de Cascorro) se come su heroicidad, la vulgariza, la descompone, la desgracia. Es doloroso –continúa Ramón–, es inútil y carece de nimbo lírico el gesto del héroe avanzando con su lata de petróleo bajo un brazo y la tea incendiaria en el otro. Es plebeyo, es bárbaro, es absurdo» (*El Rastro*, 27).

Para quien ha construido toda una teoría de la estatuaria urbana, que ha animado las estatuas de Madrid y de otras ciudades europeas con leyendas y relatos míticos, alegres, picantes, ve aquí que el mar de sargazos que aflora en el rastro invade, a medias decadente y en una pequeña parte apuntando modos nunca vistos, la figura de la ciudad.

En el libro *El Museo de Reproducciones*, se eleva a exaltante diálogo el encuentro con las estatuas:

> Nos aficionamos a ir al Museo de Reproducciones como a un sitio que cocainizase nuestros huesos.
>
> Sentíamos que en un Museo de Reproducciones se pueden decir palabras que no se pueden decir en las alcobas estucadas.
>
> —A mí no me digas que a todas estas mujeres no se les ha hinchado la nariz en el entrecejo.
>
> —Eso es lo griego.
>
> —¡Vaya una depilación que debían hacerse de mañanita!
>
> —Están como después de un baño de siglos.
>
> —Y no encuentran el albornoz.
>
> —Mira a Artemisa...
>
> —Tenía ganas de conocer a Artemisa, la lavandera de los dioses[49].

Es el mismo Ramón que entra en diálogo con el mismo Neptuno del paseo de El Prado (que nos recomienda sobriedad y fortaleza los días de invierno, que él soporta sin abrigo), es el mismo que trata como jeroglífico a la estatua del Hermafrodita, o sostiene en su célebre greguería: «los ojos de las estatuas lloran su inmortalidad».

Resulta llamativo que no se pueda arrancar de la marejada turbia del rastro que se renueva dentro de sus esclusas una mirada más digna para el héroe de Cascorro. Mi impresión es que el tejido turbio pesa más que sus posibles perlas.

Las alegorías del rastro van recorriendo el arsenal de los objetos o de los elementos del espacio que lo contiene. Así los balcones, en una tipología de enorme precisión y eficacia:

> Los balcones por los que se ve desde la calle amontonamiento de almacén, nocivos, repugnantes como el aceite de ricino, los balcones en los que está asomado un viejo doloroso, agorero, que ya no puede trabajar y y se contenta con vernos desde un balcón [...] elevando la mirada sobre las casas, en el deseo vivo y sediento de acuciarse en el cielo de aguas siempre potables y refrescantes se encuentran las buhardillas, las peores buhardillas, las más patéticas, y se distinguen también esos agujeros ahogados, redondos, inexplicables, como ojos íntimos y personales de la casa que aparecen salteados en lo alto. (*El Rastro*, 28-29).

El repertorio es exhaustivo y abarca todo objeto a nuestro alcance y al de nuestra ensoñación. Los tipos animados, los tipos humanos ponen la contención del lado de acá de la metáfora: son elementos de un escenario que no

49 Ramón Gómez de la Serna, *Museo de Reproducciones*, Barcelona: Destino, 1980.

espera palabra humana para componerse y tener sentido. Niños y niñas, jóvenes, mujeres maduras, viejas y viejas brujas, variedad de gente de pueblo que son en realidad madrileños del Foro... Hasta llegar a la sorpresa de tipificar –junto a los medios seres, a los mendigos, a los que miran botas, sombreros, objetos escalofriantes que pierden su condición de producto porque son puro soporte de hierro, sin propósito– unos llamados *jóvenes integros* (*El Rastro*, 131) que contienen, a mi entender, el borde emergente de la fábula. Es raro ese tipo de sujetos borrosos, sin perfiles, pero con un alma vigorosa y contundente:

> Como transeúntes supuestos pasan por el rastro unos jóvenes que vienen aquí a pasear en la libertad su alma antigua y moderna y futura. Es una necesidad entrañable la que nos hacen suponer estos jóvenes imaginarios. Imaginarios porque al fin y al cabo eso de la juventud, eso de los jóvenes, ese plural, esa idea genérica, no es más que un alarde ideal, un consuelo fervoroso, una impaciencia, un excederse, un truco de viejos y jóvenes para fortalecer su ruindad y su soledad que ni los hijos ni su propio orgullo pueden fortalecer [...] Cansados del espectáculo banal de la ciudad –los tranvías, los timbres, los periódicos, las mujeres muy ciudadanas, los anuncios– heridos muy particularmente por algunas de esas cosas, están también cansados de sus abstracciones [...] Ellos aquí en el Rastro frente a este espectáculo funden, contraen y gastan sus pasiones insaciables y augustas, ahogándolas en el capricho chabacano de pasear por aquí, capricho preferible a ninguna excelsitud [...] Esos jóvenes que se sientan en la silla de su casa al volver de su girovagancia rastrera y con ese mero acto muestran la maestría, la integridad, la consecución más perfecta de las más completa finitud para la que se ha sido creado! (*El Rastro*, 135).

No hay comparación, es una alegoría creada que trata de capturar un nuevo sujeto. Como el *flâneur* benjaminiano (como el hombre de la muchedumbre de Poe, como el paseante del *spleen* de Baudelaire). Casi tiene el tono que Octavio Paz da a los pachucos de México que se pasean por Nueva York. Casi tiene el tono de los nuevos personajes que asoman en las novelas y en los retratos que la escritura de los pocos visionarios (Oliverio Girondo, Macedonio Fernández, Roberto Arlt) está fraguando sin saber del todo en qué dirección: solo dibujando la rara especie nueva que conforman.

En este universo mundo, plural, en infatigablemente mixturado, se alza como un continuo devoto de la pluralidad. Como Borges dirá «No creemos en los dioses, sino en Dios, y eso, ¡quién sabe! Aún sobrevive algún mitologista, algún devoto de pluralidad; el último y el más intenso de todos es Ramón Gómez de la Serna»[50]. Quien se consideraba muy amigo del proveedor de ranas

---

50 «Ramón Gómez de la Serna», *Inicial*, n.º 6, Buenos Aires, agosto de 1924; recogido en *Textos recobrados, 1919-1929*, Jorge Luis Borges, Buenos Aires: Emecé, 1997. Borges reescribió este artículo en 1925.

del científico Ramón y Cajal, –según confesó al escritor italiano Giovanni Papini– a la vez que sabe catar los palacios y los templos del consumo contemporáneos, no se considera a sí mismo como un cronista. Alegorista, más bien:

> No aspiro a ser esa especie de sereno literario a que aspira a ser el cronista obcecado de Madrid. Quiero aclarar gestos que hace lo aún redivivo sobre sus anécdotas soterradas, los ademanes de sus torres. (*Elucidario de Madrid*, p. 8).

Lo cursi más allá del simulacro

Cómo se pasa de la edificación de un espacio público, el mercado del rastro, que toca a las calles y a las casas, pero también acaba por entrar en las salas y troquelarlas, cómo se pasa a una visión en la que lo íntimo resulta ser éxtimo y lo residual en apariencia es central. En ese proceso echar mano del Barroco es decisivo. Y la alegoría es fábula más poderosa aún: los sujetos se juegan su condición a una moda que convierte lo barroco en cursi. Fuente inagotable de la sociedad de consumo.

El simulacro es una vuelta de tuerca en la formación de la mercancía que ya hemos dicho que funciona como un fetiche. El simulacro imita lo natural, supera lo natural y... sustituye a lo natural.

Y en estos tres pasos realiza una transformación de toda la cultura, empezando por la que estamos llamando cultura del consumo de masas incipiente. Freud mismo –por citar a un pensador sobre la cultura y no solo a un terapeuta– en su *Malestar en la cultura* (1929) recorre estos tres momentos para indicar que el ser humano que ha superado su cultura de linaje, ha transformado poderosamente por la industrialización el mundo de la vida cotidiana, hasta llegar a crear un mundo de riquezas, arte, confort, dioses... en el que él mismo es un dios: pero un dios con prótesis.

Esa prótesis es la cultura como simulacro, en el sentido que acabo de definir. Y es interesante traerlo a colación, creo yo, porque Ramón –cuando reflexiona sobre las cosas, cuando hace su teoría de *Lo cursi*– está pensando en algo radicalmente nuevo: los objetos cotidianos, ya no imitan, ya no mejoran, ya no sustituyen, sino que inventan de nuevas un mundo que se vale por sí solo. Los *bibelotes*, figuras, cuadros, espacios domésticos, rutas urbanas, tienen la cualidad de inventar algo que es nunca visto (por más que podamos seguir hallando parecidos y utilidades): el mundo de las nuevas cosas, virtuales o presenciales, es un mundo que supera al simulacro, es un mundo cursi, porque da otra vuelta de tuerca al barroco incorregible que nos ha configurado.

Minimalismo y barroco aparecen no como dos opuestos sino como dos extremos de un gradiente. Esta idea que discutí con mi colega el arquitecto Joaquín Aramburu[51], me la encuentro leyendo más despacio a Ramón en su tratado sobre *Lo cursi*. En el que medita sobre la innumerable variedad de los objetos cotidianos, los que en el rastro concluyen su navegación y los que resisten en los salones o salitas de la casas en la forma de estatuillas, medallones, bibelots, juegos de platos, cuberterías… aportando dos ideas más, centrales para la comprensión del bazar en su crecimiento y expansión.

La primera es que las cosas presentan un aspecto en el que se esconde y se muestra su linaje.

La segunda es que la cosas no son solo objeto de apreciación y de atribución de valor, sino que, en su realidad de más que simulacros, nos inculcan valores, modos de juzgar, formas de equilibrio y respuestas a enigmas no formulados

Las cosas del mercado ramoniano –al menos en el del primer tercio de siglo– aparecen en escena como puros fetiches que salen de la nada y se ofrecen al usuario, al posible comprador. Este es el mensaje primero de *El Rastro*. Pero inmediatamente, en cuanto se pone a reconstruir (a inventar, descaradamente) el punto de partida de lo extraño y abigarrado, de lo popular e incluso común y corriente, no digamos de lo exótico, lo cursi le conviene como categoría principal y poderosa. Es una invención, es un simulacro lo que despliega su lógica nueva. Pero es más: es una creación de realidad.

De hecho, alguna traza de su origen presentan todas y aunque Ramón ya hemos dicho que no es historicista, sino principista, no deja de señalar el origen latente y que se amalgama con lo estrictamente nuevo para dar una voz nunca oída.

Cuando escribe *Las cosas y el ello* (a continuación veremos) sentimos que el lugar de eso novedoso es el reservorio de las cosas inconscientes, que están en continua construcción y destrucción, en constante traducción, transformación, jeroglífico de lo que antes no era:

> Yo también quiero una habitación así, donde la muerte no tenga lugar.
> Creo que necesitamos poder ser cursis, para no ser conscientes todo
> el tiempo de que somos mortales («Lo cursi», Cruz y Raya, 1, 1934,
> edición Internet).

La radicalidad de este enunciado, en uno de los primeros pasajes de «Lo cursi», es tremenda por lo que tiene que saber acerca de los elementos que han ido más allá del simulacro, a la esfera de los objetos cotidianos, más o menos adensados, a la dimensión otra del Barroco: la muerte. Finitud y aparente falta de límite, aquí juega lo cursi su batalla: puede ser

---

51 Joaquín Aramburu, «Minimalismo y barroco». Jornadas de San Luis Potosí sobre *Barroco y culturas populares*. México: Universidad San Luis, 2005.

infinitamente reproducido / puede agotarse ahora mismo. Lo cursi invade lo diario sin apearse de sus peanas y sus aparentes retablos:

> Es cursi la virgen de Lourdes saliendo con túnica celeste claro de una gruta –Rococó–; pero es la Virgen ideal no ya en su gruta original, sino en la gruta de un patio de monjas, representando lo que tiene de cistérnico la aparición, de virginal aljibe.

Aquí se enuncia el programa y su peligro evidente:

> Quiero hacer descender de lo barroco a lo cursi.
>
> ¿Qué es barroco? Hay ahora una tendencia extraña en los barbilingües y en los mesurados en querer medrar a costa de lo barroco, en quererlo definir, cosa que les debía estar prohibida a los que no se comprometieran, a los que no se lanzaran a todo evento, a los que no viven sentados en la acera de la calle.
>
> Ya que gozan de lo melifluo, de lo fácilmente ambidiestro y de lo conservadoramente seguro, debían respetar lo barroco y no rozar aquello de cuya morfología solo nos pertenece juzgar a los extravagantes callejeros; sin hogar seguro, sin academicidad posible.

Ese dualismo de visiones encontradas es potente y patente a lo largo del texto. Un texto en apariencia ligero pero que, a mi entender, revoluciona la mirada y la escritura del momento. Esa mirada que en su primera obra editada por un editor, *Muestrario*, admite la glosa de Francisca Noguerol diciendo:

> El título de *Muestrario* se revela, pues, especialmente adecuado para un autor que pretende «inventariar» la realidad sin renunciar a la «invención». Por ello, cuando, en 1923, Valéry Larbaud debió escoger un título para presentarlo al público de su país, éste fue, precisamente, *Échantillons* («muestrario» en francés), antología en la que reunió piezas de *El Rastro*, *Greguerías*, *Senos* y el propio *Muestrario*[52].

Lo primero que se echa de ver cuando se quiere definir lo cursi es que hay dos clases de cursi: lo cursi deleznable y sensiblero y lo cursi perpetuizable y sensible o sensitivo. Como siempre sucede con las definiciones diccionarias, la de lo cursi corresponde a lo cursi malo. Dice: «Aplícase esta palabra a lo que con apariencia de elegancia o riqueza es ridículo y de mal gusto». Lo cursi malo es abundar en lo que sin abundancia está bien, empalagar con lo que en su sobria dulzura es noble, convertir en zalamería lo que en su conmovedora sobriedad sería un encanto.

Esas casas en que no hay más que defensa de la cursilería y del adorno, no son casas, son cajones de seres. La casa es lo que está compungido y alegre de arquitectura, lo que llorara sus excesos algún día, pero que también ha reído de tenerlos. Entre un margen de locura y otro de cursilería se mueve el tiempo. La humanidad cree en lo cursi porque es un gran descanso para ella, un gran cobijo.

---

52 Francisca Noguerol Jiménez, «Ramón Gómez de la Serna, inventor de lámparas», *Cuadernos Hispanoamericanos*, n.º 820, Madrid, 2018, pp. 47-59.

Lo cursi tiene una cosa perecedera y se va quebrando de generación en generación. Por eso lo que menos nos llega del pasado son los objetos cursis. Hay un no sé qué que nos enlaza a lo cursi. Quizás lo que tenemos de mariposas, de peces, de pájaros disecados, de monos azules:

> Siempre he tenido el deseo –mis antiguos amigos lo saben– de tener un gabinete enteramente cursi; pero nunca he tenido esa habitación de más en que crear ese gabinete. ¡Cuánto he soñado con él!
>
> En ese cuarto adornado de espejos, con chimenea de mármol para conseguir el ábaco y colocar sobre él unos búcaros de bota alta y candelabros de equilibristas con el ramo de las velas como sostenido en la frente, iba a encontrar la evasión suprema, la resignación para el infortunio de escribir, la pura palabra de amor para el idilio.
>
> Tanto he pensado en esa deseada habitación cursi, que hay una pared en mi casa que tiene puerta misteriosa a ella.
>
> Me oculto en su interior cuando he dicho que no estoy para nadie y oigo el teléfono sonriendo a un timbre lejano, al que no acudo.
>
> El cordón de su campanilla, que no da a ninguna campanilla, es tironeado por mí cuando quiero echar esa idea surrealista que quiere explicar lo que sentimos en las rodillas.
>
> En esa habitación sé que no me puede coger la mala muerte y me siento en una lejanía de todos los gases asfixiantes.

Yo también quiero una habitación así, donde la muerte no tenga lugar. Creo que necesitamos poder ser cursis, para no ser conscientes todo el tiempo de que somos mortales.

Y hay otra cosa que me impulsa a ser cursi como el que más; y vuelvo a transcribir:

> La familia, en verdad de verdad, no ha girado muchas veces más que alrededor de un objeto cursi, y ese objeto ha sido el vínculo.

Ramón compone un tratadito titulado «Lo cursi», que publica en la revista *Cruz y Raya* (1933) y luego recoge en una colección (1943). En él expone una teoría del Barroco en el consumo y de las lecciones morales y políticas, de las estrategias ante el nuevo orden del mercado.

Lo más llamativo respecto de las categorías y fábulas que componen la alegoría del *Rastro*, es una regresión aparente del capitalismo de producción, del primer industrialismo (como acabamos de ver en la revista *Alegría* sobre la feria de Madrid) a un momento teóricamente anterior: el Barroco, en sentido histórico, como momento preindustrial, pero que curiosamente sigue siendo clave para entender lo contemporáneo. En eso no nos queda más remedio que emparejarlo con Georges Bataille[53] quien, en su principal obra

---

53 Georges Bataille, *La parte maldita*, instaura la noción de consumo improductivo: el deseo y sus figuras, sus vínculos, se impone al exclusivo punto de vista productivista. El principio de la pérdida tiene que ver con lo que aquí Ramón llama la libre pasión.

ensayística, destaca el valor de lo barroco como lo no productivo, o no lo manejable desde categorías utilitaristas o de maximización costes / beneficios.

Con el programa «quiero hacer descender de lo barroco a lo cursi», instaura una mirada que sopesa la cultura cotidiana, la de los objetos y de los estilos a partir de una definición sencilla de lo cursi como lo recargado, lo que amuebla la vida sin dejar suturas, el mundo de los objetos que tapiza el espacio y el tiempo. Esta mirada resulta original, como veremos a continuación, pero más lo es su afán de leer lo barroco y su herencia, en una anticipación modernísima, de la recuperación más reciente[54]:

> Lo barroco lucha en la alegría por conseguir lo que la dura materia rechaza con mayor resistencia, *la libre pasión*. Los bienes, los estilos, todo lo que constituye el universo del consumo en la vida cotidiana se usa, se intercambia, siguiendo otras pautas y desde otros criterios que no son la utilidad ni el aprovechamiento, ni el ahorro.

Esta regresión fascinante (no ajena a Benjamin, como vemos ahora mismo) es la propia del tiempo de las vanguardias, de la creatividad en el arte y en la formas de vida que afloran en el primer tercio de siglo, antes y después de la Gran Guerra. Para comprenderlo hay que desplazar la mirada analítica hacia otros sentidos que no son usuales, por ejemplo que la mercancía es un fetiche, que lo que intercambiamos son simulacros. Ramón lo sabe desde el primer momento y lo detalla en variados textos, analíticos y novelados.

Lo barroco se debate entre un purgatorio de lo deseado, no llegando a tocar lo eterno y no resignándose a la caducidad». Este es el proceso de transformación concretamente expuesto:

> La arquitectura comienza a ser un mueble más que la aspiración a un templo o a un panteón. Se pliega hacia la conciencia interior del que ha de vivir dentro de ella como si intentase ser su concha sinuosa, el revés de su mascarilla total [...]
>
> Convencidos los arquitectos de que la arquitectura es trabajado baúl para vivir, más que pirámide o acrópolis para traspasar los siglos en ininterrumpida admiración, dieron un cierto intimismo trágico y caluroso a las portadas que les encargaron.
>
> Lo barroco desciende a Churriguera y a lo churrigueresco –¡que faltó a los cinco órdenes de la arquitectura!– y así caminó hacia el mueble cursi.

Lo cursi representa la cultura del consumo conspicuo en la medida en que esta modalidad se va generalizando y transvasa, mediante lo suntuario urbano y doméstico, a las capas medias ascendentes. Semejante a lo que en contexto germánico se llama *lo kitsch*, o en el contexto popular español se denomina *lo hortera*. Estructuralmente lo cursi representa una constelación de objetos y usos, una metamarca, como hoy decimos *lo light*. En cuanto a

48   54 Ramón Gómez de la Serna, «Ensayo sobre lo cursi», *op. cit.*, p. 9.

su circulación social no es directamente mímesis de clase, como el par anterior. Es más bien un residuo de la cultura de objetos que encuentra un último bucle en momentos de despojamiento y funcionalismo. La oposición que Ramón señala –entre lo cursi bueno y lo cursi malo– recuerda la oposición más de fondo que recorre los productos urbanos y domésticos en la crisis de fin de siglo. En el fondo, la encrucijada del *Jugendstil*: función o forma.

Lo cursi malo es lo que recoge el diccionario: *lo que con apariencia de elegancia o riqueza es ridículo y de mal gusto*. Ramón lo llama «lo cursi deleznable o sensiblero». Lo cursi bueno es «perpetuizable y sensible o sensitivo». Y el diagnóstico de época que Ramón construye indica que en momentos de crisis suele prevalecer lo cursi malo: «en lo sensiblero muere la sobrepujación de las cosas, su afán de sobrepasarse y de ser heroicas sorbiendo su flema pobre»[55]. Este proceso remata la decadencia del Antiguo Régimen:

> Estaban tan encima en 1868 de la eclosión de lo cursi, que confundieron sus detalles, y al clasificar a los cursis lo hicieron por lo menudo, por si llevaban los zapatos de charol pespunteados de blanco, por si colocaban los cigarrillos en locomotoras imitadas que decoraban sus chimeneas, o por si pegaban calcomanías en las pantallas de sus quinqués.

Ramón hace ver de otro modo esta diseminación que tiende a recubrirlo todo, analizando la función de lo cursi:

> Para comprender su seriedad, su condición astringente para evitar guerras y odios, tanto, que si se estatuyó tanto el admirable siglo XIX fue por lo que tuvo precisamente de casero y cursi, defendiendo sus lámparas y sus cajitas...

Este siglo aceptó lo cursi como ingrediente vital, como conservador de la paz, como anclaje del tiempo»[56]. Él fue un experto, confiesa, en descubrir lo cursi malo en los escaparates, como cazador del objeto más idiota que había en cada plaza.

El gesto de ver el antaño, de entender lo propio, lo cursi de cada época que es lo que permanece de ella, aquello en lo que el espíritu sensitivo se deposita, aquello que seduce, es un gesto un tanto benjaminiano. Responde a un criticismo que no anula sino que intenta comprender el sentido de lo consolidado en las vigencias del consumo de cada momento. No tiene esto que ver con la consagración del gusto de antaño, sino con la comprensión de lo que en eso estaba depositado. Lo cursi es la adonística espontánea, ingenua, que quiere mimarnos frente al vacío. He aquí una clave de su función y un principio del método que indaga las formas de las cosas por muy estrafalarias, descabaladas, amorfas y sinsentido que parezcan a la mirada escueta de la modernidad.

---

55 Ramón Gómez de la Serna, «Ensayo sobre lo cursi», *op. cit.*, p. 14.
56 Ramón Gómez de la Serna, «Ensayo sobre lo cursi», *op. cit.*, pp. 15 y 19.

En las cosas se deposita, como en un jeroglífico, un sentido acuñado que permite reconstruir las relaciones que estaban en juego y los afectos.

Las casas han mudado su relación con las cosas desde la óptica de lo cursi compensatorio y expresivo. «Cuando las casas eran totalmente de una sola familia no había necesidad de ese compendio del mundo que necesitaron los pisos» y más lúcido aún: «La familia, en verdad de verdad, no ha girado muchas veces más que alrededor de un objeto cursi, y ese objeto ha sido el vínculo»[57].

El ensayo se despliega de manera fascinante y desemboca en la gran enseñanza, en la primera lección de cosas, que es lección de estilo: tras la cultura, tras la literatura (tras la poesía de Juan Ramón Jiménez se encuentran objetos cursis) anida un repertorio de modos de vivir y relacionarse depositados en las cosas como su cifra y su fantasmagoría. Entenderlos implica plegarse a sus formas y a sus espacios y momentos:

> Tanto me ha acosado el deseo de una felicidad sincera, asegurada entre humana y sobrehumana, que, al fin, he encontrado lo que quisiera ser: «¡Ah, sí! ¡Neumático Michelín!»[58].

Las cosas que configuran el reino de lo cursi significan no los meros objetos sino el proceso de su producción, distribución y consumo y los efectos que tal proceso suscita y hace consolidar en las instituciones y los sujetos. Entre otros, en la noción de verdad, en el sistema de representaciones de la época[59]. Pero también en las formas de trabarse la argumentación en el mercado, los relatos del yo.

Ramón se llama a sí mismo protector de las cosas[60] y ese hechizo –fetichismo– le acompaña en sus casas madrileñas[61], como dice su primer biógrafo, Miguel Pérez Ferrero, hasta el punto de que «no podría imaginarse de otro modo el tesoro de un pirata acumulado a lo largo de una vida llena de deslumbrantes sucesos»[62]. El *collage* de origen cubista se materializa aquí en los espacios domésticos, comenzando por el propio espacio del escritor.

57 Ramón Gómez de la Serna, «Ensayo sobre lo cursi», *op. cit.*, pp. 22 y 29.

58 Ramón Gómez de la Serna, *Pequeños relatos ilustrados*, selección de José Luis Rodríguez de la Flor, [a partir de los textos publicados en la revista *Buen Humor*, que Ramón recogió en *Variaciones* (1923) y *Ramonismo* (1924)], Madrid: Ed. De la Torre, 1987, p. 93.

59 He desarrollado esta idea en «La verdad de las cosas (en la cultura del consumo)», *Agora*, 1997, 16, pp.81-94., Universidad de Santiago de Compostela. La noción de verdad, problemáticamente ligada desde Aristóteles a la noción de artificio (de lo no natural), halla sin embargo –aunque lo oculta, lo hipostatiza– su modelo en la de la producción (*poiesis*).

60 Ramón Gómez de la Serna, *Pequeños relatos ilustrados*, pp. 79 y ss.

61 Nace en Madrid, en la calle de las Rejas, 5 (hoy Guillermo Roland, 7, junto al Senado); vive luego en la Cuesta de la Vega (Viaducto), más tarde en la Corredera Baja de San Pablo. Tras unos años adolescentes en Frechilla y Palencia (interno), vuelve la familia a Fuencarral, 34; se mudan luego a la calle de la Puebla, después compran el hotelito de María de Molina, 43; Ramón alquila por su cuenta el torreón de Velazquez, 4 y tras su fallida casa en Cascais y estancia en Nápoles y París, alquila en Villanueva, 38. Durante la Guerra Civil se instala en Buenos Aires: su casa más duradera, remedo de las madrileñas en decoración, está en Hipólito Yrigoyen, n.º 1974.

62 Miguel Pérez Ferrero, *Vida de Ramón*, *op. cit.*, p. 36.

63 Aunque no podemos rastrear este elemento, citaré al menos *El olor de las mimosas* (1922) y *La malicia de las acacias* (1923), publicadas en *La Novela Corta*.

La enseñanza ramoniana que está hecha de una hiperestesia notable. La hiperestesia parece como cualidad femenina en las novelas[63] y es una etiqueta clínica de época que revela la afección por las cosas. Lo que va desplegando es el efecto que las cosas dejan en los ciudadanos, en los consumidores que transitan de los objetos sin marca a los objetos marcados y especializados. Con Appadurai[64] reconocemos aquí el origen de lo que él llama «fetichismo metodológico»: «debemos seguir las cosas mismas, ya que sus significados están inscritos en sus formas, usos y trayectorias». Es el despliegue de la economía moral de las cosas[65], el principio de su obsolescencia y de su capacidad de cifrar los valores y sus formas concretas.

Ramón Gómez de la Serna persigue establecer, como dice un cuento de época del argentino Enrique Rodríguez Tuñón: «El alma de las cosas inanimadas». Julián Marías le reprocha precisamente que «se distrae de la historia, retenido por el encuentro con las cosas» y Miranda Junco afirma ya en 1935:

> Las cosas: he aquí los verdaderos héroes de su libros. Cuando el protagonista es un ser humano, Ramón no puede tratarlo más que convirtiéndolo en cosa. En cosa con figura humana. Esto es, en muñeco. Conocida de todos es esa fotografía en que Ramón, bajo el falso firmamento de su estudio, dialoga con una muñeca. Son el autor y su personaje[66].

Lo cierto es que el recorrido es exhaustivo. Desde los objetos notoriamente barrocos[67] (los *Exvotos*, obra de teatro de 1914, junto con su redacción de *El Rastro*) a la recopilación de cosificaciones femeninas que, según la escritora afrancesada Natalie Clifford Barney, de nombre literario *La Amazona*, significa su libro *Senos* (*Obras completas*, III). Ramón responde —«La amazona airada», *Revista de Occidente*, IX, 1924, pp. 360— reivindicando su intención de relatar las maneras no exploradas de la cultura de la intimidad femenina.

Las cabriolas de los objetos anidan en las greguerías en una proliferación ante la que desmerece cualquier creativo publicitario de hoy. Ramón recoge formas y objetos, inventa relaciones posibles entre ellos, con una consigna acuñada en su época juvenil «frente a lo normativo las morbideces —termino que aúna conocimiento y fruición— de los objetos» (*Libro Mudo*, p. 37).

El gran creador publicitario que hay en él le lleva a construir un sinfín de mundos posibles —otra vez la alegoría como anticipación y clave de lo que pasa— e incluso de objetos animados. Desde el plátano con cremallera que un día vendrá hasta las imágenes dinámicas: «Se dejó enchufada la plancha eléctrica y

64 Arjun Appadurai, *The social life of things. Commodities in Cultural Perspective*, Cambridge U. Press, 1986, Grijalbo, 1991, p. 19 de esta versión española.

65 Igor Kopytoff, en Stuart Ewen, *Todas las imágenes del consumismo*, Barcelona: Grijalbo, 1992, p. 279.

66 Luis S. Granjel, *op. cit.*, pp. 223 y 224.

67 Son objeto de investigación, entre otros, por Patrick Geary «Mercancías sagradas: la circulación de las reliquias medievales» en Appadurai, *op. cit.*, pp. 211 y ss. Entre nosotros, José Castillo, «Funciones sociales del consumo: un caso extremo» REIS, 67/94, pp. 65-85.

comenzaron a salir en los techos de los pisos bajos las huellas de una plantilla requemada y nefasta» (*Greguerías nuevas*, junio de 1936, *Cruz y Raya*, p. 20).

El automóvil, el *klaxon*[68], la mecanización de la vida y su cambio de rítmica interna son objeto de una reflexión llena de imágenes nuevas, en las que se traspasan las categorías animado/inanimado. Tratando de hallar, tras el efecto de fetichización de las cosas del mercado, el valor de simulacro que pronto queda superado en el régimen de lo cursi:

> No se trata por eso de elevar las cosas a categoría de toten (sic), implantando esa correspondencia ilógica entre el ser y el objeto, sino que resulte que hemos comprendido las cosas y a nosotros como cosas (*Las cosas y el ello*, p. 191).

La significatividad de las cosas («las cosas quieren decirnos algo pero no pueden») y la identificación como forma de conocimiento de su intimidad, de los procesos en ellas depositados, la superposición de las cosas como gran metáfora del mundo del mercado transnacional. La nueva cristalografía de la vida moderna.

Ese arranque de la greguería como voz de las cosas sería, desde esta perspectiva, un modo de conocer los procesos sociales, más allá de su cosificación: el simulacro prefigura, inventa mundos posibles que el mercado generalizará.

Pero las cosas son también las cosas muertas, o la morbidez que produce su muerte moral (Sweezy). Una manifestación del límite –la finitud de los tiempos de la vida de las cosas, de los seres– frente a la saturación omnipotente que promete el mercado opulento. Y aquí apunta una clave de la dimensión tanática de Ramón, no solo porque quiere regresar al sentido originario –histórico, de cada cosa, no metafísico– sino porque se define como cronista del circo, pero también de la muerte. La muñeca de cera comprada en París, que sustituye a una del rastro y que aparece en las fotos, la querencia por los maniquíes, los fragmentos del cuerpo cosificado en los expositores de la moda. Estos y muchos otros son signos de una pasión barroca que contempla la travesía de las cosas, ahora impulsadas por la obsolescencia del mercado que siempre se renueva inventando el presente.

Entre las cosas incorporadas en el consumo ya casi de masas (*Los mascadores de goma*, *Obras completas*, IV, p. 357) y el ideal de ser una cosa se mueve esta hiperestesia ramoniana: «Yo hubiera querido ser un objeto del Museo Arqueológico[69]».

El bazar más suntuoso del mundo (1924) es el título de una colección de cuentos que marca la entrada en el universo imaginario que Ramón sintetiza tras sus tempranas incursiones en *El Rastro* (1914) y en el sinfín de greguerías, *caprichos*, *disparates* y *gollerías* –nombres todos de un almacén de chucherías de nuestras grandes superficies de hoy–. En estos textos se

68 Ramón Gómez de la Serna, *Obras completas*, V, 1923. *Variaciones* A, p. 1119.

69 Ramón Gómez de la Serna, *Disparates*, *Obras completas*, IV, p. 542.

asoma la serie que tapa los vacíos de la vida, que pone lecciones de cosas allí donde hay perplejidad y conflictos. Así teoriza la incorporación de lo trivial, de la cercanía de los bazares, en su madurez argentina:

Afirmar lo que de trivial hay en el hombre es inducirle a no ser ni riguroso ni desleal, ni malo, ni fanático, ni inconmovible para nada ni ante nada. Aceptar la trivialidad es hacerse transigente, comprensivo, contentadizo. Nada más solucionado que la trivialidad hallada, cultivada, comprendida y asimilada hasta la temeridad. No los principios abstractamente revolucionarios, sino la trivialidad admitida será lo que cree la libertad espiritual, resolviendo todos los problemas insolubles, que serán solubles más que por la solución por la franca disolución, por las incongruencias y las pequeñas constataciones que apenas parecen tener que ver con ellos.

¿Qué será la psicología de lo pequeño?. Chesterton ha dicho: el telescopio empequeñece el universo. El microscopio es el que lo agranda. Eso justifica la labor del observador de lo ínfimo y de lo instantáneo. Reaccionar contra lo fragmentario es absurdo, porque la constitución del mundo es fragmentaria, su fondo es atómico, su verdad es disolvencia[70].

Ya mostramos que ni el rastro madrileño, como las tiendas, son objeto de consideración costumbrista, dice Ramón, «ni de esas literaturas vendidas a lo pintoresco inspiradas solamente en el pasado, como único *leitmotive* del rastro, sin ver en él toda la cantidad infinita de porvenir que le asiste, que en él se aduna»[71]. Porque sobre todo «más que un lugar de cosas es un lugar de imágenes y asociaciones de ideas [...] respondiendo a esa ley que hace que lo grande se envuelva y se halle en lo pequeño y por la que *orbe* quiere decir tanto esfera celeste, esfera terrestre o menuda esfera de cristal».

Recuerdo –concluye decidido Ramón– que fui un experto en descubrir lo cursi malo en los escaparates, como cazador del objeto más idiota que había en cada plaza. ¡Qué figura aquella con un cuerno de la abundancia en las manos que creí que era una lámpara y resultó que era un tarjetero!:

Era penosa la ternura del vendedor por el objeto. Sinceramente lo amaba y me prometía que era difícil de romper y me lo embalaba en ese apósito que convierte a los objetos regulares en objetos inmensos. No había más remedio que aguantar su oficiosidad para disimular mis intenciones. ¿No me habrá escuchado alguno de esos vendedores, en el teatro de mis conferencias, la oración sicofántica? Algo intimidaba mis preámbulos iconoclastas esa sospecha.

Me vengaba en la destrucción de la absurda canéfora o de la musmé ampadarizada o del niño golfo en yeso mal pintado, de la mala interpretación

70 Prólogo a la edición definitiva de las *Greguerías Completas*, Barcelona: José Janés Ed., 1947.

71 Ramón Gómez de la Serna, Prólogo a *El Rastro*, *Obras completas*, III, p. 82.

de las almas y de que prefiriesen al orador digno al que solo lo es de alimentarse con esos objetos.

Cuando ya el martillo iba a sacudir su golpe, algunas almas simples e inevitables gritaban ¡No! ¡No!, pero ya la rotura era irremediable.

Quien ha hecho eso muchas veces puede salvar el concepto de lo cursi bueno, amable y trémulo, que es fondo humano del mundo. (*Ensayo sobre lo cursi, op. cit.*).

Las cosas están imbricadas formando constelaciones de sentido —«¡juguetes flácidos y resignados! ¡Clarividencia de lo efímero, sencillo símbolo del intento!», *El Rastro, op. cit.*, p. 149— y su proyecto es tan elocuente como su prefiguración: los aspectos de la vida que los nuevos productos y marcas están troquelando de forma tenaz. La nueva guillotina del jamón (*Obras completas*, IV, *Variaciones*, p. 652), la forma de las casas («La casa triangular», *Revista de Occidente*, V, 1925, p. 10), la tenacidad de los establecimientos frecuentados (*Peluquería feliz, Revista de Occidente*, CXXVIII, 1934, pp. 121-147: magnífico retrato del consumo como práctica compensatoria: «comencé a ir más amenudo a la peluquería como quien busca un tónico y aprovecha un goce barato y desapercibido. ¿Curación de una neurastenia?» (p. 127).

La moda y su gozosa tiranía

«La gran invención sucederá el día en que el guante de la mano izquierda sirva para la mano derecha» (*Greguerías nuevas*, 1936).

Con Ramón se puede decir que en el principio era el sombrero. Ya en los comienzos del *Libro Mudo* hay una chistera. La obsesión por los sombreros, la enorme frecuencia de su mención nos hacen pensar en algo más que un objeto. Se trata de un verdadero fetiche que condensa la transición de estilo y el conflicto de época. El cine mudo e incluso los primeros dibujos animados[72] escenifican estos elementos de la moda que transita y que define clases y estilos diferenciados. Pero la lección modista de Ramón con estar llena de numerosísimas matizaciones de las modas de varias décadas —desde el final del polisón y el pantalón ceñido del gomoso hasta el sinsombrerismo militante— radica, a mi entender, en la mirada que le pone al aspecto de troquelado de la propia identidad.

El cuerpo es visto en su variedad marcada por la moda. El desnudo y después el vestido forman parte de la abundante tipología de personajes, modelos, tanto públicos y ejemplares —el sombrero de Baroja frente al de Azorín, en *El Rastro*— como el corsé y los sombreros semiprivados de la Manón (en las *Conversaciones triviales*). *El caballero del hongo gris* es un ejemplo del poder de troquelado que obsesiona a Ramón respecto de la moda y, en concreto,

72 *Humor phases of funny*, 1905, realizada por John Stuart Blanton. Protagonistas del siglo XX, *El País*.

de los sombreros. Metonimia del caballero de la época, todos los hongos son serios y confieren una personalidad al ciudadano burócrata o que sigue tal modelo. Pero ¿qué le ocurriría a uno de ellos si, transgrediendo el código, adquiriese un hongo de color gris…?

Aventuras de un sinsombrerista, publicado en 1932, nos da otras claves, tanto de su mirada sobre la moda, como sobre las mutaciones culturales a las que asiste. El personaje, en este caso directamente llamado Ramón, se ve impulsado, por revelación de unos ángeles, destocados, a emprender, como lo piden los tiempos, una campaña anti o sinsombrerista. Alegoría poderosa de la rebelión y del destocamiento modernista y vanguardista que llega a las multitudes como proclama.

Las tipologías van más allá de una casuística de indicios (¡hay tantos percheros, copa *vs.* hongo, capelinas, medias, adornos!) y se inspiran en las que en el campo científico están difundiendo –por supuesto que en la *Revista de Occidente*– Kretschmer o la bióloga Amparo Parrilla[73], en la medida en que construyen estilos de representación que, más allá de la fisiología, apuntan a una fisonómica social del consumo.

Las fuentes son numerosísimas en la obra de Ramón. Desde sus relatos breves (*La capa de Don Dimas*, 1924: la capa castiza y problemática se ve enfrentada y pierde ante «un viejo gabán que tenía en el arca», IV, p. 350) hasta las novelas que se incrustan luego en *El Rastro* (*La abandonada del Rastro*, *Revista de Occidente*, 1929, tomo XXIII, pp. 171 y ss): «su Rastro de entresemana estaba encubierto por un Rastro de sonrisas de calzoncillos nuevos de caballero, hules en que un zaragozano bailaba con una andaluza y todo él lleno de discos en que las voces más lastimeras llamaban al «señor comisario» con una cobarde dulzonería ante la autoridad» (p. 274).

El sistema de los objetos se acerca al cuerpo y a las relaciones y los designa con trazas inexpugnables. Aunque el estilo, que como dijo Ortega es el acento, pone en acción las estrategias de supervivencia.

Añadiré, como otro tipo de fuente, el teatro y su construcción tipológica. Como en la calle «el hábito hace al monje», el atuendo marca la posición ante la cultura de la moda. En *Cruz y Raya*, publica Ramón en mayo de 1935 una farsa dialogada, en la que los *dramatis personae* se llaman así: la del velillo, el caballero, el joven con tipo de cine, la de la blusa brillosa, el joven con camisa descotada, una belleza sin premio, un caballero de hongo, un poeta con maleta, cuidadoras vestidas de rosa, cuidadoras vestidas de negro:

> La vieja con dos perlas verdaderas en los pendientes cree que aún está lobulada en ellas la juventud, ¡con qué altivez habla! (Greguerías nuevas, *op. cit.*, p. 19).

73 Ernst Kretschmer, «Genio y figura». Es una adaptación de su *Korperbau und Charakter*, en *Revista de Occidente*, II, 1923, pp. 151-164. Otro ejemplo es Amparo Parrilla, «Tipos biológicos femeninos». *Revista de Occidente*, 136, junio, 1936.

Lo cursi con su potencia constructiva, se vincula con el espectáculo, con el circo, con el cine, como lugares en los que no cabe copia, ni simulacro, sino pura invención.

En su texto «La colección de bigotes», 1927, reflexiona sobre la potencia cursilizadora, esto es fantasmagórica, inventora, de la imagen cinematográfica, entre la radical ficción y la carnosa realidad:

> El artista cinematográfico es el ser de cera, verdadero fantasma que va dejando de existir poco a poco sin haber existido nunca. Si se leen tantas memorias de artistas cinematográficos es porque todo el público está ansioso de tocar su existencia, de meter el dedo en la llaga de su humanidad, alcanzando a creerles. [...] Según mis particulares pesquisas, en la ciudad del cine les está prohibido exhibirse porque generalmente defraudan de cerca, y muchos de ellos tienen ajaduras de momia egipcia, cansancios insubsanables que solo las luces de mercurio incitan. Generalmente viven aislados. Abrigados en sus películas, en los chalets solitarios que no admiten tarjetas de presentación. Se ocultan como autómatas perfeccionados que solo salen al mirador de cristales que da a los cines lejanos. No se visitan entre sí, y sus cenas con los secretarios y los amigos íntimos, que lograron hacerse entrañables, son cenas tristes que acaban en ese anubarramiento trágico que crean los demasiados almohadones apelotonados sobre el diván. ¿Qué importa tener el mejor cenicero del mundo y haber dotado de un encendedor de automóvil al despacho de hombre caído en una especie de trasmundo trágico? El artista de cinematógrafo está relajado como un ser al que han hecho millones de radiografías y, al fin, le han logrado quemar hasta el alma[74].

En *Cinelandia* y en estos fragmentos aparece el proceso de construcción de ese mundo que tiene a lo cursi como hechura principal. Ya las cosas están como en su ser, inaugurando ese mundo nuevo, sin modelo previo que en la Exposición de Nueva York, 1936, tiene en *Futurama* su esplendor y su promesa[75].

Lo novedoso tiene siempre un punto de piedad, de excesiva humanidad, como si Ramón dijera: bastante tienes con sufrir el vértigo de la sima de lo real, como para fingir impavidez y dominio absoluto. Los engendros de lo cursi no solo alivian las polémicas de la avidez modernizadora, en lo que esas tienen de fenómenos públicos, sino también balsamizan la tensión, la hirsutez del gesto que a cada cual le convoca para estar a la altura:

> Todo lo enseña el artista cinematográfico, su colección de cinturones, de sellos, de esposas cariñosas, de llaves de maletín, de corbatas, de

74 Publicado en *Mundo Ibérico*, 8 (12 octubre, 1927), pp. 6-7. No se conserva autógrafo. Marçal Font i Espi «Madrid-Barcelona, sístole y diástole de las vanguardias. Ramón Gómez de la Serna, Mario Verdaguer y *Mundo Ibérico*» Manuscrito Cao, 8, ISSN: 1136-3703.

75 José Miguel Marinas y Cristina Santamarina: *El bazar americano en las exposiciones universales*, Madrid: Biblioteca Nueva, 2014.

chapas de Banco, de entradas de carreras de caballos, de gemelos de teatro, de leontinas, de falsos Goyas y de palilleros románticos, pero solo los íntimos, los que han pasado la cortina oscura que parece que no da a ninguna parte, ven la colección suprema del cineasta. Su maravilla querida, la manía de su corazón pueril.

—Verás, te voy a enseñar lo que no muestro a nadie, lo que más quiero en el mundo dice al que ha consagrado como su íntimo, el que ha coincidido con cien opiniones solemnes, pero de una profunda banalidad.

La cortina morada se ha levantado, y el nuevo canonizado por la amistad entra en la sacristía de las caracterizaciones, con algo de sala de museo de historia natural, en que están clasificados peces, mariposas y caracoles, con un fuerte olor a mástic antiguo. El autómata cinematográfico saca una serie de cajas extraplanas, como las que saca el corbatero para mostrar sus corbatas, sus pañuelos o sus calcetines. El rostro del hombre sin expresión se llena de expresiones atropelladas como ese público que espera a la puerta del circo que suene la hora de entrar. Al abrir la primera caja se mueven torpemente sus manos, sin acertar a destaparla, pero por fin lo logra, y saltan a la vista varios bigotes que se multiplican en un abrir y cerrar de ojos, pues el gran artista de la pantalla abre y abre cajas ante el asombro del que ha merecido tan alto honor.

De vez en cuando coge alguno de sus bigotes favoritos y se lo coloca y cambia su fisonomía, que se vuelve ticteante, fúlgida, sagaz, levantando recuerdos de las comedias y tragedias de los personajes olvidados de las novelas de los Caballeros del Club Universal, de los chantajistas y de los bolsistas, de los filibusteros y de los hombres pacíficos, cuyo bigote significa resignación de vivir. Sacando cajas de mariposas torvas y peludas, el entomólogo de los bigotes, el gran cineasta, se pone ciníffluo y recibe complacidísimo la enhorabuena del que ha sido versado en la maravilla de la mejor colección de bigotes que hay en el mundo.

Ramón en las ciudades

Solo faltan los inquietos fotógrafos con sus kodak de playa[76].

*Asomaros a las cosas que van a desaparecer, grabar
en vosotros la imagen de lo que echa abajo la necesidad
de ensanchar las ciudades, pues ese grabado de vuestra
mente os revelará muchas cosas y os explicará lo que fue
vuestra ciudad y sois vosotros mismos, y más si sois hijos
de ella o la habéis adoptado como vuestra[77].*

Dice Ioana Zlotescu, en su prólogo al volumen XV («La ciudad»):

> Es evidente que el espacio predilecto de Ramón es la ciudad, sitio por
> excelencia atiborrado de cosas y gentes, cajón de sastre, lugar del ello,
> donde todas las cosas gritan, como si quisieran ser redimidas de la ne-
> bulosa efervescente en la que bullen.

Estos procesos que dan lugar a numerosas reflexiones de detalle nos ilustran sobre la importancia que en la formación de la cultura del protoconsumo tiene la ciudad. Al drama barroco, las representaciones religiosas, la vigencia de las plazas y las codificaciones de los rituales llamadas «políticas ceremonias», se suman las reliquias como forma de circulación de un valor que vincula castas y ciudades. Estos elementos que representan y confieren el poder religioso y político tienen en la ciudad barroca un realce y una exhibición que las convierte de objetos de posesión –variante medieval y renacentista– en objetos de exhibición y culto, es decir en instrumento de la política de masas. Del mismo modo que la pertenencia a la ciudad pasa por la presencia en ceremonias, justas taurinas y ordalías, pasa también por la adhesión cifrada y sensitiva a los santos despojos que reciben el mejor tratamiento arquitectónico hasta entonces: la abundancia procesional y la presencia de las capillas-relicario son señal clara de ello.

La ritualización de la vida de la ciudad es, pues, el filtro de aproximación a las mercancías. Ya sean objetos, ya lugares, ya momentos, en la ciudad preindustrial se va a consolidar una escisión entre el tiempo del trabajo y del ocio, entendido este como el tiempo fuerte porque está marcado por el carácter sagrado del poder.

Ese poder que, salvo el enfrentamiento sin rebozo y las guerras de religión que destruyen las ciudades –destrucción de cuyas ruinas pretende hacer discurso un Montaigne etnólogo urbano *avant la lettre*– gusta de velarse en los emblemas.

---

76 Ramón Gómez de la Serna, *El Circo, Obras completas*, III, p.370.

77 Ramón Gómez de la Serna, *Nostalgias de Madrid, Obras completas*, XV, p. 965.

De su desciframiento en el contexto alemán, precisamente de la importancia de lo teatral en la formación del espíritu cívico y político, da testimonio el celebérrimo trabajo de Walter Benjamin *El origen del drama barroco alemán*. Interesante en este recorrido no solo porque en él, como veremos, hace sus primeros ejercicios conceptuales y metodológicos previos al análisis de las ciudades del consumo —en él afina la noción de alegoría— sino porque muestra la potencia de una cultura que habla y se fija en las imágenes y las cosas:

> Los humanistas —dice Giehlow citado por Benjamin en esta obra— empezaron a escribir con imágenes de cosas (rebus) en vez de con letras y así surgió a causa de los jeroglíficos enigmáticos la palabra «rebus», y las medallas, columnas, arcos triunfales y todos los demás concebibles objetos artísticos del Renacimiento se llenaron de tales inscripciones enigmáticas. Esta emblemática se cierra en el barroco y queda exacerbada en la amalgama de la ciudades, las fachadas, las vestimentas, pero también y en general en los objetos que hablan en el mercado otra lengua que no es la de la utilidad y la necesidad.

Retengamos esta articulación cifrada del lenguaje de las cosas (*rebus* es el nombre que en francés designa la escritura jeroglífica) porque, en los albores del consumo ostentatorio, Benjamin y otros recurrirán a ella como clave explicativa de lo que ocurre en las ciudades regidas por la lógica del mercado. Ese lenguaje cifrado recibió en su origen, como sabemos, el nombre de fetichismo.

Como hemos visto, así apunta el Benjamin del *Passagen-Werk*, la relación entre la cultura de la alegoría y el espacio de las mercancías que el primer capitalismo instaura como espacio urbano.

Estos procesos que dan lugar a numerosas reflexiones de detalle nos ilustran sobre la importancia que en la formación de la cultura del protoconsumo tiene la ciudad. Madrid viene de ahí, Ramón lo ve y lo recoge con cuidado al hablar de la ciudad del consumo que es su contemporánea.

Al drama barroco, las representaciones religiosas, la vigencia de las plazas y las codificaciones de los rituales llamadas «políticas ceremonias», se suman las reliquias (los relicarios) como forma de circulación de un valor que vincula castas y ciudades. Estos elementos que representan y confieren el poder religioso y político tienen en la ciudad barroca un realce y una exhibición que las convierte de objetos de posesión —variante medieval y renacentista— en objetos de exhibición y culto, es decir en instrumento de la política de masas. Del mismo modo que la pertenencia a la ciudad pasa por la presencia en ceremonias, justas taurinas y ordalías, pasa también por la adhesión cifrada y sensitiva a los santos despojos que reciben el mejor tratamiento arquitectónico hasta entonces: la abundancia procesional y la presencia de las capillas-relicario son señal clara de ello.

La ritualización de la vida de la ciudad es, pues, el filtro de aproximación a las mercancías. Ya sean objetos, ya lugares, ya momentos, en la ciudad preindustrial se va a consolidar una escisión entre el tiempo del trabajo y del ocio, entendido este como el tiempo fuerte porque está marcado por el carácter sagrado del poder.

El carácter de fetiche de la mercancía estaba relativamente poco desarrollado en la era barroca. La mercancía no había gravado aún su estigma –la proletarización de los productores– tan profundamente en el proceso de producción. Por ello la intuición alegórica era más creadora de estilo en el XVII de lo que lo es en el XIX. Como alegorista, Baudelaire estuvo aislado. Trataba de relacionar la experiencia de la mercancía con la experiencia alegórica. Esta empresa estaba destinada al fracaso y con él hemos podido ver cómo la brutalidad de su ataque se veía superada por la brutalidad de la realidad. De aquí que en su obra haya una perspectiva que hoy parece sádica o patológica solo porque ha errado con la realidad: pero por un pelo. [*Das Passagen-Werk*, J 67,2].

Según Benjamin se necesitaban más mediaciones, recorrer los avatares del fetichismo capitalista investido como fantasmagoría en la ciudad, para poder corregir críticamente la perspectiva. Pero hay un método o una mirada que queda ofrecida al investigador. Una razón que se atreve a alegorizar: es decir a componer modelos y símiles para decir lo nuevo. La alegoría no es recurrir a un emblema del poder sino buscar en los andurriales (*badlands*) de la industrialización las claves para un nuevo relato. Ese es el relato de los pasajes comerciales. Esa es la fábula del bazar contemporáneo.

El parentesco con Baudelaire le viene otorgado precisamente por su conocimiento y afición a los escenarios del gran bazar: las ciudades. Entre el Madrid soñado y el Buenos Aires onírico, el autor despliega sus pesadillas relacionadas con sus fantasmas íntimos. Otra vez la advertencia de que solo bajando la guardia del yo, ecuchando con lo otro, la otra escena, se puede captar algo de lo no dicho, de las promesa que es la ciudad.

Madrid, en abundancia (nadie puede ser viajero sin antes aprender a hacer turismo en su propia ciudad), París, Londres, Nápoles, Lisboa y finalmente Buenos Aires son lugares del viajero que más ha escrito sobre sus pasos y sobre la vida de las ciudades. La afinidad con Proust (así se lo dijo Ortega), con el Baudelaire del *Spleen de París*, con el Benjamin que consagra media vida a contar la modernización de la mercancía y del espacio en la figura del París de los pasajes comerciales, pero también y de algún modo secreto, la figura de Fernando Pessoa que llama desasosiego a esa lectura minuciosa de la ciudad («nunca saldré de la Rúa dos Douradores») y luego con los grandes caminantes de café y confitería que son sus colegas de Buenos Aires (desde Oliverio Girondo, Macedonio Fernández, Nalé Roxlo, Olivari, Leopoldo Marechal, Eduardo Mallea… hasta las figura señeras de Borges y Victoria Ocampo) todos son catadores de las metrópolis, todos narradores del gran bazar que es el mundo. Como aquellos acomodados, naturales de Vigo, que iban a Lisboa, cuando Lisboa «era la capital del mundo».

Son las ciudades que ve en sus viajes, en la soledad de sus hoteles y casas, en las noches de escritura ininterrumpida: aquellas a las que le hubiera gustado dirigirse por medio radiofónico. Como ocurrió en Madrid en el año treinta en que Unión Radio le instaló un micrófono en su despacho de Velázquez, 4. Desde él hablaba todas las noches dando noticias, saludando, leyendo sus pensamientos. Ciudades a las que hablar. Como hizo desde joven (con dieciséis años publica su primer libro *Entrando en fuego*) hasta su primera madurez en los años veinticinco, cuando hace su discurso en el Retiro explicando la invención del monóculo sin cristal, la enorme mano de goma con la que remeda al orador convincente, la faena que le hace a un toro disecado y de carril, y un poquito antes de su primera aparición en el Circo Price, subido en el trapecio, haciendo –tiene el aplomo de decir– lo que todo orador ejecuta: columpiarse sin más, pero él a sabiendas. Su actuación circense en el Cirque d'Hiver de París, su presencia disfrazado de decimonónico con los colegas del Pombo (Bergamín siempre al lado). Las ciudades como grandes interlocutores:

> Madrid es que en la plaza de Santa Ana, alguien señala la estatua de Calderón y pregunta: ¿quiere usted que le recite unos versos de este señor?

Hemos visto en su momento cómo Simmel se refiere a un nuevo *tempo,* a una *rítmica interna* que caracteriza la moda, es decir la definición del tiempo del consumo, por debajo del tiempo aparente de la producción y del progreso. Ramón se mueve desde muy pronto entre esos dos tiempos. Y lo hace en el escenario principal que es la ciudad. Ese espacio temporalizado con el tiempo interior del sujeto es que da a las ciudades el peso y la pasión ramoniana por excelencia. Aunque para ello hay que renunciar a la actualidad y al reporterismo:

> Ocuparse de la actualidad nos descontenta. Sabemos que es algo ingrato, aun para los que profesionalmente lo hacen a diario, porque se sienten superiores y extraños a ella, por esa misma superioridad íntima y honesta. Nosotros oímos, sabemos, olemos, vemos, tocamos quizá la actualidad, pero nos sentimos inactuales dentro de ella, llenos de otra actualidad más densa. Solo los que no tienen esa actualidad íntima son los que «hacen» esa actualidad terrible y excesiva que suena a huevo, así como los que no tienen patria íntima «hacen» esa patria terrible y excesiva, irrespirable[78].

Ese paso atrás o esa espacialización del tiempo –configurado en dos escenarios de diversa rítmica– no deja de recordar los ensimismamientos, convertidos luego en metodología indagatoria, por el Benjamin de *Los Pasajes* (tiempo del progreso / momento de la iluminación) o el Pessoa del *Libro del desasosiego* (señales de la ciudad / cifra oculta).

Seguramente en la intención del escritor está el contar el mundo. Todo y tal como es. Desde los primeros textos conocidos existe esa voluntad de

78 *La tribuna*, 10 de junio de 1914. Texto recogido por Ioana Zlotescu, *Obras completas*, vol III, p. 16.

mímesis que le lleva a reproducir el discurso político y las primeras muestras de la publicidad[79]. Y ese es el otro componente que, desde su posición de publicista, le lleva a ser continuamente consciente de su intervención en la historia que cuenta. Los tempranos textos de juventud, sobre todo en *Prometeo*, con crónicas del presente parlamentario español y los conflictos internacionales[80], lo avalan. Incorpora, tras una simpatía inicial por la veta anarquista, a los críticos de la cultura burguesa. De Marx dice que quienes lo critican no lo han leído, sobre todo no son conscientes de que aquél desmontó los excesos de la burguesía porque «privaba a la gente de las condiciones idílicas de su existencia», del potencial de mejora que la promesa industrial había desencadenado[81].

Yo sabía lo que significaba la novedad del mundo antes de que los historiadores dentro de un siglo *se den cuenta*[82].

Y en eso, las greguerías son urbanas, cuando no directamente capitalinas, y, de ahí, a la desterritorialización del presente ramoniano:

> Desde 1910 –hace treinta y seis años– me dedico a la greguería, que nació aquel día de escepticismo y cansancio en que cogí todos los ingredientes de mi laboratorio, frasco por frasco, y los mezclé, surgiendo de su precipitada depuración y disolución radical, la Greguería. Desde entonces, la greguería es para mí la flor de todo lo que queda, lo que vive, lo que resiste más al descreimiento[83].

El Romanticismo ronda los grandes momentos, las treguas de Dios, y es menester aprovechar su hora, porque así se vive el festín grato de la vida, y después otras generaciones más desgraciadas comerán las migajas de ese festín y chuparán sus huesos[84].

De todo eso brotará no el sinestilo, sino el idiolecto estilístico, convertido luego en marca y sometido al mercado que es el *ramonismo.* El antaño, el allende, la otra escena. Como Benjamin, descubre en los espacios de los márgenes, en lo no productivo, en el espectáculo, el atisbo, el entrecortinas de ese otro tiempo. Ese es el sentido de la desterritorialización y del presente eterno de la greguería:

> Todos estamos con el fondo de un lago encantado en ese salón lleno de luz y pedrerías en que, leyendo los cuentos de niño o yendo al circo, nos hemos sentido muy lejos de la tierra.

---

79 En la revista *El Postal*, manuscrita y multicopiada entre 1902 y 1903, primer texto del Ramón adolescente, subtitulada «Revista defensora de los derechos estudiantiles», incluye «anuncios de las vecinas tiendas de la calle de Fuencarral, pero también de Nestlé o de la venta de un (h)otel». *Obras completas*, I, Preámbulo de Ioana Zlotescu, p. 83.

80 En *Cruz y Raya*, n.º 33, publica algo parecido a un diario del año 35: «Historia de medio año», al que caracteriza como «novela de los tiempos actuales».

81 *Ensayos de crítica social, Obras completas*, I, p. 200.

82 Prólogo a la edición definitiva de las *Greguerías Completas*, Barcelona: José Janés Ed., 1947.

83 Ramón Gómez de la Serna, *Greguerías*, selección 1910-1960, Madrid: Espasa, 1968.

84 Ramón Gómez de la Serna, «La acinesia y el corazón», *Revista de Occidente*, CXLI, marzo, 1935, p. 253.

La greguería: es el vocerío o griterío confuso de la gente (*Diccionario* RAE) es la rumorología sin significado previo (aunque lo parezca), es la exaltación de una prosodia que engendra un sentido o un recorrido nuevo

Ramón es un habitante de la ciudad del mercado, un callejeador, un catador de ciudades. Y nos planta delante con la ebullición sin fin que supone la greguería: hallazgo terminológico que no tiene sentido sin ese rumor marítimo del rastro, del mercado. Entre la Ribera de Curtidores y el París de los pasajes comerciales –que frecuenta desde muy joven– construirá Ramón su inagotable imaginería del consumo moderno. En su obra temprana *Morbideces* (1908) aparece una *greguería* «sin otra connotación –dice Ioana Zlotescu– que la de su genuino sentido de «griterío confuso». Greguería no es pues ocurrencia hermética, metáfora + humor, según la formula que luego acuña Ramón Gómez de la Serna, sino voz del mercado, voz de las cosas en el espacio del consumo. Esta es la transición entre dos definiciones.

Este elemento bambalinesco que es toda la ciudad [..] su greguería se impone sobre el ciudadano *(Morbideces)* Género de los bancos públicos [...] de los cafés, bancos públicos al fin *(Prometeo)*[85].

La greguería, cifra del mercado, va de la calle al producto manufacturado por la firma RAMÓN. Mariano Tudela aporta el dato de que su origen es parisino[86], que la acuña Ramón en su escapada a París (1909) con Carmen de Burgos, *Colombine*. El mercado de Ramón se abre –mediante esta alegoría menuda que sigue el gañido de los gurriatos tras de la madre, es decir el halo de signos que dejan tras de sí las cosas– a los espacios del consumo que se percibe más allá de la utilidad, es decir desde el punto de vista de la identificación. Se mueve en el filo entre los procesos de la producción, que resultan cada vez más inaccesibles y mágicos, y el consumo de objetos, por primera vez clara y públicamente obsolescentes. Las ventas modernas, de los pasajes y luego de otros establecimientos con escaparates y cajas registradoras, con etiquetas y precios, no se entienden sin ese exutorio de la muerte moral de las cosas que son *Les Puces*, el *Rastro*, los lugares en donde las ruinas muestran sus signos posibles su combinatoria nueva.

La técnica y sus efectos son vistos en su regreso de París con nuevos ojos[87] y con la ambigüedad humorada, que testimoniará Bergamín:

La torre Eiffel es ese juguete recuerdo de Santander o de París que toma unas proporciones enormes sin dejar de ser el juguete mezquino, cursi y trivial. «¡Abajo la torre Eiffel!», gritaría yo[88].

---

85 *Obras completas*, I, *Introducción* de Ioana Zlotescu, p. 24.

86 Mariano Tudela, *op. cit.*, p. 65. «Los tranvías de la gran capital parecen ferrocarriles que llevan a Rusia (Boulevard Sebastopol)».

87 «Telefonistas», en *Variaciones* A, *Obras completas*, V, p. 1176.

88 *Variaciones* A, *Obras completas*, V, p. 1174.

Así, tratamos de incorporar los elementos principales de la visión de lo público, la ciudad y el mercado, que se acuñan en el Rastro. Que se amontonan en las visiones de las ciudades, en las que ha entrado desde los bordes, desde los límites. «El Mercado de las Pulgas» es el lugar de entrada en París, por la avenida Michelet:

> Gran coincidencia de todo París, trágica suma de su historia y su galantería, y de aquella calle conmovedora y de aquella noche y de aquello y aquello otro en un revoltijo, en una confusión, en una incongruencia profunda» (*El Rastro*, 17)

Los extremos se tocan en el «descanso y abismamiento» Whitechapel de Middlesex. La superficie de las cosas flotantes (Venecia) la asiduidad de las cosas, la misma flaqueza. La misma consumación que aporta Nápoles, lugar de inspiración para Ramón de la lógica de la mercancía desbocada que es el rastro.

Ramón Gómez de la Serna –como Benjamin, como Pessoa– no es ningún *dandy*, pese a no incurrir en el «torpe aliño indumentario» machadiano, pero su sensibilidad ante las cosas de moda, ante los nuevos estilos de la cultura entre suntuaria y popular resulta enormemente perspicaz. Precisamente porque tampoco incurre en la estética del *snob*: la de quien celebra apresuradamente lo moderno. Como Ortega –como Simmel– se mueve en la encrucijada de decir adiós a un estilo de vida marcado por la segregación y la ambivalencia ante los grandes tragos de cosas, marcas y masas que el presente les está proporcionando sin cesar.

¿Cómo es lo público para alguien que se mueve entre el casticismo y las vanguardias, que pasa en su vida por Madrid, París, Estoril, Nápoles y Buenos Aires? El desplazamiento de un vanguardista rompedor, cachorro de la burguesía gerencial, a la de figura espectacular, y progresivamente resistente, en la gran ciudad transterrada. Ramón aparece como el «catador de ciudades», expresión del consumidor selectivo (*Obras completas*, I, 24) y, sobre todo, como maestro de mirarlas y gozarlas. El gran callejeador que enseña –*Elucidario de Madrid*– que nadie puede ser buen turista o viajero si no aprende a hacer turismo en su propia ciudad. El empeñado, contra toda razón, en dar una *Explicación de Buenos Aires* (1948).

Las ciudades desencadenan relatos sin cesar: *La quinta de Palmira*, y su vida en Portugal, *El torero Caracho*, redactada en Nápoles, trasmutando su vía Caracciolo. París es referente continuo, principal, lugar de triunfo y de productividad literaria y sociográfica. Pero seguramente es Madrid la que recibe mayores trazados sensitivos e iluminados. Menciono especialmente la novela *La Nardo*, en la que los entre castizos y dandis, cocainómanos y entregados a la vorágine moderna, deciden, ante el posible fin del mundo por impacto del cometa Halley, asistir a una corrida de toros nocturna. La ciudad hecha alegoría y, como nunca antes, espectáculo.

Las primeras notas sobre Lisboa aparecen, además de en *La quinta de Palmira*, en algunos lugares de *Automoribundia*:

En el Museo de coches de Lisboa está en suspenso la historia y he admirado sus carrozas de oro que atravesaron los sinuosos y difíciles caminos del mundo en busca de Roma (p. 218).

Tiene también Ramón –no iba a ser menos– un trabajo sobre los pasajes comerciales. A diferencia de Benjamin, no son los parísinos, sino los de Nápoles, y concretamente el más modesto de los dos de esta ciudad (la Galería Príncipe de Nápoles, en la calle Toledo. El más lujoso es el de Humberto Primero). La importancia de este nuevo espacio en el que los comercios conviven con el primer cinematógrafo y los *flâneurs*, le da para componer un relato: *El hombre de la galería*[89]. Las aventuras de uno de sus paseantes, «ensombrerado con bombín y caracterizado con bigote y pera italiana» marcan el contraste entre la moda del momento «en que la vida fue una exposición interesante» y los nuevos y masificados espacios de hoy. «Los días, los grandes días de la calle y del tiempo solo se refugian en las galerías y en los portales. En las Academias de la Historia y en los Paraninfos, solo se cobijan los escasos días históricos». Don Giovanni fenece víctima de la gran lámpara que cae sobre él: lo suntuario se lleva consigo a su consumidor.

El circo, como vimos, es otro escenario urbano que sirve de alegoría para el paso entre el casticismo mágico y el espectáculo mundial. La riquísima fantasmagoría y fascinación del circo son centrales en la composición del Ramón personaje y de su capacidad para analizar el espectáculo como representación de las tensiones de la nueva cultura. La reseña de Benjamin ve muy bien el juego, aunque le despacha con un ramoniano lapo: «Estamos ante una elaborada recopilación de notas que, como le ocurre al payaso con su frac, no se ajustan del todo a la realidad» (*op. cit.*, p. 4).

Las ciudades del consumo se articulan y mudan en torno a los grandes eventos, el gran circo mundial –el gran ruedo sin Don Tancredo– que son las exposiciones universales. Gómez de la Serna recoge testimonios de algunas de ellas pero, sobre todo, las incorpora como marcas biográficas de algunos de sus tipos. En principio los salones de arte parísinos, que Ramón mira desde las aportaciones de Apollinaire y, sobre todo, de Baudelaire, como sociólogos del arte. Baudelaire que, antes que él y que Benjamin, es pionero de la transición y transgresión entre el antiguo régimen y el mundo de la calle[90], pero sobre todo enseña cómo el arte es nuevo sector de consumo conspicuo y, progresivamente, de masas. El rastro con su centón de enigmáticas obras de arte, con sus trampantojos, es, como ya indicamos, el indicio de su otra cara.

El cine es otro gran escenario urbano y de consumo que recorre Ramón, convecino de los escritores españoles que fueron guionistas en Hollywood –de Jardiel a Marquerie– El gran mirón no se contenta con la pequeña pantalla,

89 Ramón Gómez de la Serna, «El hombre de la galería», *Revista de Occidente*, n.º XXXIX, 1926, pp. 299-316.

90 Antonio Marichalar, «La blusa de Baudelaire», *Revista de Occidente*, 1930, tomo XXVI, pp. 123-125. Baudelaire es emblematizado como quien lleva la blusa del campesino «sobre el frac, el charol y la copa».

que le da juego en sus trabajos sobre las siluetas y las figuras modernas, e incluso remite a un curioso antecedente, el veráscopo[91] o mueble con ventanas que abren a una fantasmagoría peculiar. Su novela *Cinelandia* es otra feliz alegoría de la metrópolis del futuro. El espectáculo del ver y ser visto, la organización de un *Walden* en el que los ciudadanos han aprendido a aplicar las enseñanzas de la pantalla a la vida cotidiana.

La publicidad, como emblema urbano, merece abundantes referencias de Ramón, sobre todo en las estampas de las ciudades más avanzadas. Es en *Explicación de Buenos Aires* donde recoge numerosos lemas e imágenes de la ciudad que, al decir de Malraux, seguía manteniendo la fantasmagoría de ser la capital de un imperio que nunca existió. Publicidad que comienza en la Puerta del Sol:

> Era el momento del invierno en que todos los anuncios luminosos de la Puerta del Sol anuncian específicos contra la gripe, contagiándose algún transeúnte de la «dañina» solo por quedarse mirando mucho rato el encenderse y apagarse del gran titular de la Aspirina[92].

Y que sigue pidiendo una «policía de los anuncios»[93] para velar por su honestidad. Ramón sigue los repertorios de los anuncios porteños, pero sobre todo cala en la esencia provocativa del anuncio, en sus hallazgos de consumidor minucioso y apasionado: «lo más refrescante del verano es el mármol ¡si se pudiese tomar mármol con paja!»[94].

Esta es una pequeña parte de la fábula que urdió y nos dejó en herencia, legible hoy mejor que ayer, el poscastizo y posmoderno de Ramón que, al decir de Eugenio de Nora, tomó a España no como problema sino como espectáculo. Cosas que, sin embargo, como hemos visto, no se excluyen.

Vayamos por partes, con algunas de las miradas a las ciudades que le albergaron. La visión de la ciudad desde el punto de vista de lo inconsciente –no conviene olvidar esta mirada– aparece en numerosas ocasiones. Especialmente en Luis Bueno (*Sobre Ramón y el Psicoanalisis*). Así como las referencias del Ramón fabricante de lámparas:

> Antes, sin embargo, nos referiremos, nuevamente, a *El hombre perdido*, en concreto, a lo relacionado con la visita al Luna Park; de la que se ha dicho constituye «símbolo de la confusión de la vida [...]. No en vano se alude a este lugar como el «palacio del psicoanálisis», ya que viene a representar algo así como el inconsciente de la gran ciudad, con su mundo de pesadilla e incongruencia»[95].

---

91 Ramón Gómez de la Serna, «Las cosas y el ello», *op. cit.*, p. 207.

92 Ramón Gómez de la Serna. «El gran griposo», *Revista de Occidente*, 1927, tomo XVI, p. 57. Este relato sigue al artículo de Albert Einstein sobre «La mecánica de Newton y su influencia sobre la física teórica».

93 *Explicación de Buenos Aires*, *Obras completas*, XV, p. 690.

94 *Greguerías nuevas*, 1936, *op. cit.*, p. 41.

95 Antonio del Rey Briones: *La novela de Ramón Gómez de la Serna*, Madrid: Verbum Editorial, 1992, p. 165. Tomo esta cita del trabajo de Luis Bueno Ochoa.

Ramón en Madrid

Creo que no hay mejor mostración de lo que es Madrid que esta entrada del texto tardío (*Nostalgias*). En ella las soleares que antes fueron soledades, son en Galicia *saudade*:

> *Saudade* no es ni el recuerdo ni el *souvenir*, sino que es nostalgia del infinito, nostalgia de lo que no se ha tenido nunca, nostalgia de lo que tuvo alguna ve. En la *saudade* hay una añoranza viva, añoranza del propio presente más que del pasado o del porvenir y, en realidad, es el sentido doloroso de la propia soledad intraducible e introcable[96].

La gran abundancia de noticias, escritos, ensoñaciones acerca de Madrid le han convertido a Ramón en un sinónimo de esta ciudad. Como hemos visto en el entorno del rastro la asimilación del Madrid que abre sus puertas a la dinámica de un mercado que pasa de menestral a moderno.

De todos modos, conviene atender al interés de Ramón por depurar su aventura en el lenguaje del comienzo de siglo. Las palabras son la verdadera sustancia de una nueva fundación:

> De un café, en el Parnasillo, salió toda la reforma del estilo que enranciaba la vida del siglo XIX, y allí se convino llamar al viento, viento, en lugar de Eolo, Céfiro o Favonio, y al Sol, el Sol, en vez de Apolo o Febo, y a la amada dejarla en su verdad, en vez de llamarla Filis o Nise. Aquella denominación de la metáfora y de la vida, dejándola al albur del especial nombre de cada circunstancia, sin la abstracción monotizante y pretenciosa de sus infulancias, se debió a una nueva visibilidad del mundo y de su poesía[97].

El lenguaje lavado, redescubierto por entre las verbosidades de la época. La mirada, sutil, que ha dado un salto radical, desde la apreciación contable, desde el utilitarismo, para dejar paso a ver con lo inconsciente:

> Señalé la casa de esa cerería que pienso comprar o alquilar algún día, casa de nacimiento, de un piso escaso, desencuadernada y en cuya cerería yo sería capaz de establecer una librería para vender los libros y las revistas que no se venden nunca, pero que hay unos asiduos que repasan con ansiedad siempre. Seguimos hasta la calle del Rollo, y allí comenzó la fuga del plano, la entrada en el cerebelo intrincado donde está lo inconsciente, la ilusión del laberinto[98].

Las huellas del Madrid más reciente para Ramón se hacen patente en la narración del capítulo XCI de *Automoribundia*:

> En este estado de penosa incertidumbre, y después de ocho penosos años negros, llega en marzo de 1944 un cablegrama que envía mi noble

96 *Nostalgias de Madrid*, *Obras completas*, XV, p. 750.

97 Ramón Gómez de la Serna, *Gaceta Literaria*, n.º 70, 1929.

98 Ramón Gómez de la Serna, «Travesía del Conde», en *Residencia*, revista de la Residencia de Estudiantes, enero-abril 1923.

amigo José Ignacio Ramos, y en el que se me contratan cuatro artículos literarios para el diario Arriba, que salvan mi vida...

Esos artículos son los que le permiten dar comienzo a su gran relato de Ramón en Buenos Aires, como a continuación veremos.

Pero conviene seguir un poco más de cerca la elaboración de la visión, a veces del delirio que Ramón sostiene con Madrid, en la medida en que lo escribe y, ya acabamos de ver, escribir no es contarlo sino hacerlo.

Desde la revista *Prometeo* –la revista de financiación paterna– los modos alegóricos son los que incorpora el joven escritor para decir de lo que es imposible de apresar, al menos algo. La revista posterior, *La tribuna*, tiene el rango de comunicador para el público, para la masa madrilés, de los hallazgos que contar las historias de Madrid traen consigo[99]. Desde «*Toda la historia de la calle de Alcalá, Toda la historia de la plaza Mayor, El Prado, Toda la historia de la puerta del Sol, El rastro, La segunda cripta del Pombo*, hasta *Nostalgias de Madrid*... todos son entramados de fábulas que tienen valor de descubrir no lo evidente, de desarticular los jeroglíficos que se dan como parte de la memoria irreflexiva de los habitantes de la villa y corte. El crecimiento incesante de una ciudad que comienza con la apariencia de un señor de medio pelo y que se va desbordando por las maneras y los usos urbanísticos que la primera posguerra trae consigo.

Metro, aeropuertos, hoteles (Palace, Ritz) el Palacio del Hielo... son los puntales de una nueva fábula que «deja atrás el juego de la lotería y la salida de misa de las Calatravas» (Borrás, 23). Así dice Ramón para contar cómo es la escena del mercado, de la vía pública madrileña:

> Lo que más tiene Madrid es estilo –descuidado estilo– estilo para pasear y vivir, estilo para perfilarse arquitectónicamente y estilo para embozarse en la capa (esa cosa expansiva, intringulada, que se llama estilo) [...] Todas la edificaciones navegan en seco, con un rumbo por el estilo, y si se le observa, desde las alturas, se verá que cada grupo de edificaciones forma un gran transatlántico, que no porque no sea traslaticio deja de tener la unidad entre pasaje y tripulación que caracteriza a los grandes barcos. (*ibid.*, 35).

La caracterización primera, como se ve en *El Rastro*, parte de una tipología de la ciudades modernas que Ramón conoce pronto y con una cierta detención, no en vano en algunas ha vivido temporadas enteras, ha residido, ha catado sus secretos y sus hechuras. Semejanzas, sí, pero diferencias notables que no son solo urbanísticas –al fin y al cabo los «ensanches» son la pauta de las ciudades desde el fin de siglo– sino la atención a la singularidad del modo de vida y de sentir de Madrid, con un punto de localismo universalista (o de nacionalismo de ciudad):

---

99 Tomás Borrás presenta esta secuencia en la edición de su Ramón Gómez de la Serna, *Descubrimiento de Madrid*. Madrid: Cátedra, 1986.

> Frente a París, Londres, Roma o Berlín, en Madrid se sabe qué respuesta
> fue España enfrentada con el universo y qué significó su alta laguna de
> soles y lunas reveladas.

Tal desmesura cósmica tiene un punto de contención que no puede dejar atrás la señas mismas de la topología: los edificios que crecen con arrogancia, aunque sean menores que en otras metrópolis, la fabricación de una Gran Vía (que alegrará a los naturales y hará sonreír de medio lado a los que vienen de las metrópolis americanas –que también dirán con retintín lo de la «Madre Patria».

Yo creo que Ramón celebra el modo que tiene Madrid de armarse para no irse muy lejos Que puede señalar los rascacielos y al mismo tiempo celebrar las sentencias fundacionales. En la Plaza de la Cruz Blanca el lema «fui sobre agua edificada / mis muros de fuego son». Para indicar que debajo del bullicioso mercado y la bandera de los consumos publicitarios, están los caminos del agua (las redes moriscas que dan agua a la ciudad) y la memoria de la muralla que, al ser de azabache, brillaba a la luz de la tarde desde el puente de Toledo. Y al mismo tiempo, fijar los orígenes de la industria doméstica, de las pequeñas industrias que le hacen decir, en *La Nardo*: «Pasó un camión de carbón como un pensamiento negro».

Todo lo ve el nuevo *flâneur*, que viene siendo como el benjaminiano (baudeleriano) pero con más tarea:

> El transeúnte se siente inmueblizado, indeciso entre la arquitectura
> monstruosa y rascielar y la arquitectura sencilla, rica en balcones de
> regular altura [...] La imaginación del hombre que callejea encuentra
> en el ambiente madrileño pábulo para grandes concepciones, y si se
> pudiese pintar lo que ve revelaría una ciudad fantasmagórica, siendo
> por eso que en medio siglo de tener una Gran Vía verdadera, las deco-
> raciones de la zarzuela titulada *La Gran Vía* vieron ya su panorama de
> gran ciudad de Exposición Universal mis novecientos cincuenta y cinco.

Esta cita que contiene todos los elementos de la cultura del consumo (incluido la fanstasmagoría) se suma con la radical afirmación de corte bataïlliano: «Ese Madrid cree en el ocio y no en el negocio, y es en el que no sabiendo nunca dónde ir se va a todos lados» (*Nostalgias, ibid.*, p. 762)

De Madrid quiero espigar los elementos que forman parte del mercado en sentido ya dicho: no son solo nuevos objetos sino sobre todo nuevos signos. Los que forman un estilo modernizador que, a veces, fluye como lo más natural y otras son el resultado de un choque o una tensión entre lo castizo que se resiste a ser desplazado y la innovación que ha aparecido de repente.

Por eso empiezo por *Nostalgias de Madrid*, texto bonaerense (1956, Ediciones Grifón[100]) y de madurez, en el que vienen a converger novedades, acontecimientos y llamadas que pueblan el mercado de mediados de siglo. Por ejemplo,

---

100   Incluido en el volumen XV de sus *Obras completas*, relativo a las ciudades.

«El cierre de relámpago», que reúne elementos psicoanalíticos y de estilo de vida:

> Ante el posible atoramiento del nuevo artilugio, con el consiguiente conflicto de clínica psiquiátrica [siquiátrica escribe Ramón], «puede comenzar una neurastenia, un desplazamiento cerebral, una incompensación con derivaciones en el futuro solo por causa de un cierre relámpago. Entre las preguntas lanzadas por la espalda a la enferma del diván psicoanalítico [sicoanalítico, dice Ramón] no habrá que olvidar esta: ¿Se le atolló algún cierre metálico en un día importante de su vida?» (*Ibid.*, *Obras completas*, XV, p. 955).

> El cierre metálico –el cierre relámpago, como se dice por aquí– creaba un conflicto entre lo hermético y lo obvio. La civilización se deslizaba en el cierre relámpago, y el cuarto de siglo del sicoanálisis aparecía con un complejo más [...] el botón tiene moral, pero el cierre relámpago no la puede tener, pues la mujer puede desnudarse tan rápidamente como un plátano (*ibid.*, 954).

Lo mismo ocurre con el episodio titulado «El gabán». En él junto con una verdadera semiología de los gabanes madrileños convencionales, surge el apunte de la radical novedad:

> —Pero ahora han aparecido unos gabanes que sin ser de piel tienen categoría de tales, y que son llamados de piel de camello. Son la ambición y la ilusión del hombre moderno, tanto del que ha obtenido por buen camino su fortuna como del estafador.
> —¿Usted por qué es espía?
> —Porque quiero tener un abrigo de piel de camello.
> —¿Y usted por qué intriga tanto?
> —Porque aspiro a una piel de camello.

> Esa piel de camello que no es piel ni es de camello, en primer lugar porque el camello siempre lleva raída la piel como si se le hubiera apolillado o al plancharsela se la hubiese quemado la plancha, es uno de los engaños seducientes del presente [...] ¿Dónde estarán ahora las pieles de camello? [...] Están en los *night club* pidiendo whisky. [...] y piden cigarrillos con un camello dibujado en la cajetilla (*ibid.*, 928).

Son muchas las referencias a las calles, a las plazas, a los pasajes, en sus obras directamente «callejeras»... La preciosa comparación de las dos calles Hortaleza y Fuencarral (*Obras completas*, XV, 782) que fueron los primeros conatos de bulevares de la ciudad abierta, con sus personalidades tan a flor de piel que una es calificada de calle de Palencia, mientras que la otra es más urbana. La presencia de otro rasgo urbano y especialmente madriles como son los bulevares: estos hacían de la ciudad una vía de modernización indudable, como la haussmanización de París, como la apertura de los pasajes comerciales en las ciudades europeas... La convivencia y contraposición entre dos pasajes comerciales tan madrileños como el pasaje de la Alhambra (823) o el pasadizo del Eslava (764) que abren a otro modo de comercio urbano y son espacios de fantasía. De quién es una calle (Gran Vía por ejemplo) según la hora del día o de la noche. La que Ramón llama «psicologización» de Madrid: hacer que su carne entrañe a quien la mira (solo así, parodiando a Pessoa, puede haber un momento: *depois extranhase*).

Alegorías de Madrid

Las imágenes del Madrid de la infancia (*Automoribundia*, luego comentamos con detalle), pero también *Elucidario de Madrid*, *El Rastro*, *Greguerías de Madrid*, *Explicación de Buenos Aires*, pero también sus recuerdos de París, Nápoles, Lisboa… Quizá conviene mirar en la corteza y poner juntos el *elucidario* y la *explicación*. Elucidar es mostrar y poner luz en objetos en sombra, explicar es afirmar lo enigmático primero y luego tratar de descifrarlo. La mirada noctámbula del insomne y del merodeador por el Madrid castizo convive con la hiperestésica atención del estudioso de las calles, las cuestas del rastro, las afueras y los centros entre palaciegos y los primeros atisbos de la «city».

Fundamentalmente la tensión se establece, como muy bien ve Ramón, entre un aún pujante casticismo y los nuevos vientos que están clamando por llevarse por delante todo lo añejo, para que vengan las modernizaciones de la tecnología (no conviene olvidar que Marinetti está vivo y que Ramón fue el traductor de su *Manifiesto futurista*).

La idea del Madrid barroco como señal por excelencia, es coherente con su idea del mercado, con las imágenes y enseñanzas del rastro y con la elaboración de la alegoría principal que Ramón construye de la ciudad moderna.

Este *Elucidario de Madrid*[101] atesora y recuenta a las alturas de 1931 la visión madura de la relación con su ciudad natal. Con su historia agitada y esperanzadora. En ese año surge la Segunda República y Ramón participa de la oleada de promesas y entusiasmo. Ramón viene de una cultura familiar de cercanía monárquica (su padre es director general de Registros y Notariado, ayudante del notario mayor del reino) Llama la atención la estampa tan castiza que le compone en su *Automoribundia*:

> Se podría decir que él era rey y antirrey, y no hubiera sido extraño oírle que era el anarquista número uno […] se burlaba de la autoridad y se sentía un paisano más del pueblo castizo, asomándose al paisaje como solo el gran pintor se asomó desde las habitaciones de Palacio. Sentía el valor del arte, el valor del toreo y el valor de la inteligencia […] (al padre y su socio les dijo que el que roba un pan no debía ser perseguido)[102].

Posiblemente el interés de Ramón por los entornos urbanos y las formas de vivir en las ciudades arranca en su propia condición de nómada. Desde las mudanzas en el interior de Madrid (las casas que va ocupando la familia

101   Ramón Gómez de la Serna, *Elucidario de Madrid*, 1931. Ed. de la Comunidad de Madrid, Prólogo, p. 9.

102   Ramón Gómez de la Serna, *Automoribundia*, cap. XXVIII, p. 247.

y luego él mismo) hasta los tempranos viajes a París (hasta tres), Buenos Aires (hasta tres y uno definitivo), pasando por los años de residencia en Lisboa, Nápoles, Londres... y los viajes de menor vuelo, si así podemos decir.

Aquí hay un contraste notable, como veremos, entre el apego que muestra por lo cercano de su ciudad («nadie puede aprender a ser viajero –viene a decir– si antes no aprende a hacer turismo en su propia ciudad») y el mundialismo (por no decir internacionalismo, puesto que su mirada y sus ganas superan fronteras muy pronto: todo es materia de la maquina escritora que es Ramón).

En la ciudad conquista el derecho a romper las reglas del tiempo productivo y de la morigeración del respeto de la noche, incluso la reglas de exclusión de determinados territorios y zonas: los *badlans*[103] que forman el principal alimento del escritor siempre febril y creativo.

Dos viñetas descomunales, ilustran la versatilidad y lo intenso de Ramón contando las esencias de Madrid[104]. Una es profundamente castiza, habla del flamenco. La otra es el retrato de la modernización.

Caprichos inéditos. Cante jondo

España canta y sufre. Vierte su dolor y se queda despejada y tranquila.
En los momentos en los que se realiza el misterio del «cante jondo»,
se ve que todo el público acompaña en su sentimiento a la que canta
y se retuerce en su asiento. No es un público de *snobs* o aficionados,
sino un público de penitentes que sienten los mismos retortijones.

«Almitas del purgatorio...» canta la cantaora y todos los que están en la sala se sienten verdaderas almas del purgatorio, echadas en lo profundo de la sartén hirviente, acariciadas por una voz refrescante y caritativa: «El tocador está compungido pero como no está bien que llore un hombre se encoge, oculta sus congojas y es la guitarra la que llora por su único ojo».

¡Gran cáncer en la matriz el de estas cantaoras desgarradas, que no acaban de entrar en el hospital, que se van dejando el mal en sus cantares!:

Hay notas del «cante jondo» que salen del páncreas y algunas que repercuten en los vacíos como en rincones resonantes del ser que canta. Como parturienta de esas que llevan a la Casa de Socorro en una silla, la cantaora se desata entre cantares y acaba de dar a luz en escena el aborto de su canto. Por eso las cantaoras cuando están silenciosas, cuando dejan de cantar, cuando se sientan a la vera de sus amigos, tienen un gran aire de convalecencia, son como recién operadas, son como puérperas de su canto.

La modernización viene de la mano del automóvil –ya ha aparecido varias veces– y especialmente en la forma del invento más reciente: el garaje[105]:

---

103   Tomo el término *badland*, que me empeño en traducir como «los andurriales», del excelente trabajo de Hetherington, *The badlands of modernity. Heterotopie and Social Order*, Routledge, 1997.

104   «Ramón», revista *Ronsel*, n.º 1, mayo 1924.

105   «Ramón», revista *Ultra*, n.º 2, 1921.

Garajes

Por todos lados se hacen garajes, esas falsas habitaciones, esas precarias estaciones que ocupan vanamente el espacio. Es gastar inútilmente sitio y diezmar la capacidad de habitaciones de que dispone la ciudad, el dejar que se inmiscuyan en el centro, en cualquier manzana de la ciudad como «gusanos de la manzana». Son como casas hechas por el embalador.

Me parece una cosa fría, vacía, con pobre aire de asilo el garaje. Donde cae deja una mancha negra de un aceite espeso, que no habrá baldeador que la logre limpiar. Ese solar tan ansioso de florecer en forma de cordial casa llena de vecinos, se eterniza como garaje.

Quizás, las estaciones futuras sean numerosos garajes dispuestos a salir a hora fija por los numerosos caminos que entonces surcarán el mundo.

Los grandes garajes serán especies de laberintos superpuestos con ascensores para subir los automóviles y colocarlos en sus alcobas. El garaje está llamado a ser una torre babilónica y asombrosa. (Para ese mueble que parece que se ha escapado, que es la motocicleta, y adherida a un cochecito cubierto, también tendrá que haber rascacielos con habitaciones más chicas).

Pero se reducirán los garajes entonces a las cuadras y chamizos en las afueras, sin mezclarse tan incongruentemente con las casas de la ciudad, como robando el espacio cordial de la ciudad.

El espíritu del garaje no es recomendable en general, está lleno de hombres fuertes como gimnastas de circo que tienen grandes ambiciones y que aun siendo *chauffers*, tienen una amante con sombrero y pieles. Todos estudian la manera de robar más a sus dueños y se malean unos a otros como las criadas que van a la compra y se reúnen bajo los grandes garajes de los mercados.

No sabemos apenas de esa vida y solo vemos la sombra antipática que hay allí, sombra de cochera sin los nobles caballos y como, el perfume de galantería y de riqueza que sale de los «autos», se escapa a los coches, compungencias para los criados.

Esa cosa, húmeda de cubos y cubos de agua tirados contra el esmalte y por entre las ruedas, desflecándose el agua como se desfleca en las ruedas de las norias, acaba de dar más ingratitud al garaje, en el que entran montones de tristes cacharros de gasolina, y donde los mecánicos, en cuclillas o debajo de los coches, con todos los sueños de su profesión tirados por el suelo, curan el coche.

Lo que yo veo es que se van a construir muchos y que se están construyendo demasiados. Lo que yo veo es que en el estudio del escultor Querol –¡pobre artista mediocre!– resuenan los «piafidos» de los automóviles y al lado de mi casa es posible que levanten uno ¡con lo que roncan! de noche.

Y vengamos, por fin, para concluir este apunte, a la comparación que hace entre el carácter castizo de las ciudades, entre las que está Madrid[106]. Ramón rescata la displicencia de esta ciudad que está a cien mil lenguas de El Escorial, que pasea alrededor del Ángel Caído (estatua sorprendente de El Retiro) con sonrisas luciferinas:

> El espíritu de Madrid es paranoico contrastante, o sea que vive del optimismo y de pronto caes en profundos pesimismos, siendo notable cómo comienza súbitamente a temblar de pobreza y todo toma en sus escaparates tono de inasequible y nadie entra en las tiendas, y sin embargo brillan como joyerías, y el tendero solo se consuela en sus cachupinadas íntimas […] Nuestro casticismo en un casticismo que admite la comparación.
>
> Lo castizo de París es ese aire bohemio, pícaro, desgarrado, nivoso, que vamos buscando en él.
>
> Lo castizo de Londres es la seriedad inglesa, ese ir sólidamente vestidos con trajes recto, el engreimiento de la familia, la niebla, los impermeables.
>
> Lo castizo de Italia es su entusiasmo frenético, su fe en la obra de arte, su marmoridad.

Concluye tajante: «lo castizo de Madrid es barroco, propio». Y ya podemos situar los demás rasgos anteriores en esta síntesis que ahora parece tomar verdaderamente cuerpo.

Ramón en París

Uno de los primeros laboratorios urbanos, tras el madrileño, es París[107]:

> La república portuguesa es superior a la francesa, menos burguesa quizá porque Portugal tiene un corazón más sencillo y más humano, y no tiene esa opulencia por la que infiltran cierta oligarquía en la República los hombres orificados, panzudos… de una sangre demasiado densa y vanidosa (Preámbulo, tomo XV, *Obras completas*).

En él, París va a significar siempre la huida, viajes motivados por el anhelo de salir de sus círculos habituales y salvíficos tales como Pombo, el rastro, su torreón de la calle de Velázquez, los toros, el circo; esto es, su Madrid natal y querido al que tantas páginas consagró. París, de este modo, incluso en sus años de gloria en el país vecino –que coinciden con la década de los años veinte y gracias al inestimable apadrinamiento de Valéry Larbaud–, va a connotar el vector de la huida, el esconderse de problemas personales o profesionales. Bajo estos presupuestos se gesta París.

---

106   Ramón Gómez de la Serna, *Obras completas*, XV, pp. 57-58.

107   Olga Elwes Aguilar, «París cruel; la experiencia de Gómez de la Serna tras las huellas de Baudelaire»,*Thélème. Revista Complutense de Estudios Franceses*, 2001, 16, pp. 35-46.

Viajar a París supone un ejercicio de reflexión y aun de autocontemplación sin los asideros del entorno conocido. La fascinación de la metrópolis por antonomasia tiene un coste del sentimiento de pérdida, despojamiento y aun concentración en sí, para captar ese nuevo sujeto que le ha surgido: el de nómada en las grandes ciudades:

> Yo en París era pipa y no hombre, letrero y no alma, viento y no transeúnte, periódico y no lector, cuadro anatómico y no viviente, japonés y no español, remolque y no tranvía, cacharro de pinceles y no cuadro, caballo y no cochero, silla de los Campos Elíseos y no sedente caballero, y muchas otras cosas tan al contrario y tan diferentes[108].

Esa ciudad a la que llega con avidez y una cierta melancolía es descrita siempre por sus cosas, sus instrumentos, sus ambientes hechos carne propia.

El primer retrato de París, de 1909, tiene la atención curiosa principalmente por la transformación mágica del día en noche y el afán por esperar cuándo el día que se anuncia llega cargado de creatividad: esa captura le tiene pegado a los cristales a las cinco de la mañana que es cuando esa epifanía se produce.

También puede elegir un emblema (una metonimia) de todo el esplendor Parísino, cuando pone entre nuestras manos la materialidad de un billete de cien francos:

«El billete de cien francos»:

> Tenía bellezas tornasoladas, de discretos rosicleres, el billete de cien francos francés.
>
> Recordamos lo optimistas que resultaban en nuestras manos, suaves como billetes de papel de seda. Tener un billete de cien francos, era tener algo, hacer numerosas comidas en los *restaurants* independientes y escondidos, tener la libertad de vivir, sintiéndonos asegurados en la modestia. ¡Nada de tener que llevar sobre los hombros rangos implacables! Cien francos eran un *complet*, o sea, americana, pantalón y chaleco con todos sus botones y hasta bolsillo interior. Con tres billetes de cien francos se compraba un viaje hasta Nápoles ida y vuelta en tercera de lujo, o sea, una tercera con los vagones de recién pintado pino, ese pino que queda en una bella desnudez amarilla y que huele mucho a árbol. El billete de cien francos era un diploma de medalla de oro pintado por ese aprendiz de Academia que dibuja los diplomas y parecía que tenía en medio el claro honorífico destinado para recoger el nombre del agraciado. ¿Premio de qué? Premio a la industria, al comercio, a la agricultura, al haber presentado el cerdo más gordo y más blanco del mercado –resultan indecorosos esos cerdos perfumados y blanquísimos[109].

108 *Automoribundia*, p. 281.

109 Ramón Gómez de la Serna, *Mundo Ibérico*, 1 (5 junio, 1927), pp. 4-5.

Ramón en Londres

La estancia en Londres es breve y solo quiero glosar de ella tres viñetas que me parecen relevantes para la mirada ramoniana.

La primera es la insistencia en la oposición entre lo público y lo privado con especial mención de los que caminan en las calles con una cadencia semejante a la de Charlot. Frente a ellos la solemnidad del caserío londinense que acapara todo lo que de noble y sobresaliente puede atesorar una ciudad. Lo noble con la contundencia de las huellas de la revolución industrial.

La otra es la presencia de los interiores decorados y un tanto oscuros.

La otra es el sometimiento de una ciudad blindada por lo urbano a los vaivenes de la naturaleza, a la niebla perpetua, a la lluvia que ya ni cuenta.

Londres es lugar de refugio en una larga estancia en la que le acompaña su amante y mentora Carmen de Burgos, a la que llama «la mujer sin miedo». Llega cuando aún no había caído sobre el mundo «ni la Primera Guerra Mundial».

Ramón en Lisboa

Ramón Gómez de la Serna vio en Lisboa algo que nadie había visto antes y que quizá nunca volvería nadie a ver después[110].

Encontró en ella un «Río de Janeiro templado y matizado», «un Londres sin niebla y sin ese ámbar especial que hay en la luz de Londres», una Génova, «sin ese elemento trágico, angosto y frío»; también, como era de esperar, le vio su parecido con Nápoles. Junto a todas esas semejanzas, una que nadie esperaría: «A veces he encontrado un aire de Avilés en el aire de algunas calles de Lisboa. En la grandeza de evocaciones que suscita Portugal hay también una evocación ingenua, de villa creada por indianos, tal como Avilés un día claro».

Ramón Gómez de la Serna fue a Lisboa por primera vez en el verano de 1915, cuando la Gran Guerra dificultaba viajar a otros lugares de Europa. Va con Carmen de Burgos, Colombine. De Rodalquilar a Madrid, Colombine es maestra, primera periodista y feminista. Le dobla en edad, conviven en París y Londres. Quizá una razón oculta, o no tanto, de este punto de destino sea que su padre fue durante más de treinta años cónsul de Portugal en Almería[111].

---

110 *Café Arcadia Blog,* del escritor José Luis García Martín, «Ciudades de autor: Lisboa de Ramón y Colombine». Domingo, 10 de julio de 2016.

111 Especialmente se refleja en la novela autobiográfica *La Flor de la Playa* (1920), la aventura portuguesa de una pareja de novios españoles. Luego envía, en 1919 –movida por su admiración a la República portuguesa proclamada en 1910– a *El Heraldo de Madrid* una serie de entrevistas con personajes públicos de la joven República, mientras que en 1920 impartió un curso de Literatura Española en la Universidad de Lisboa y un ciclo de conferencias en la Academia de Ciencias de Lisboa. Colaboró también en el diario *O Mundo* con la sección «Coisas de Espanha. Crónica de Colombine». Emprende a comienzos de 1922, la construcción en Estoril del chalet «El Ventanal» que permitió a la pareja residir de forma estable en el país vecino. Hay tres novelas de 1915-1916:

El establecimiento definitivo se realiza cuando Ramón, heredero de su padre, junta dinero suficiente como para construir en 1922 el chalet en Estoril llamado *El Ventanal*.

En la revista *Contemporanea*, que García Martín se encuentra en la Feria de Ladra, en lo alto de Lisboa –junto al panteón de ilustres que alberga los restos de Amalia Rodrigues– aparece esta selección de greguerías inéditas que no puedo evitar:

Las palmeras de Lisboa están hechas para abanicar mujeres desnudas a la hora de la siesta.

En el laberinto de Alfama el minotauro se disfraza de marinero.

Para pasar bajo el Arco Triunfal de la Plaza del Comercio habría que ser, por lo menos, emperador de todas las Indias.

En las noches de luna llena se ve la Torre de Belém darse una vuelta por el estuario.

Los libros de los escritores portugueses, casi todos suicidas, deberían despacharse con receta médica.

En la Feria de Ladra todas las viudas pobres han vaciado sus armarios y los amantes despechados el cajón donde guardaban los mechones de pelo y las cartas de amor.

Todos los negritos de Lisboa parecen haber sido alguna vez pajes en Oriente.

A los balcones de Lisboa se asoma Circe con los senos desnudos para engatusar a los marineros de Ulises.

Los niños de Lisboa aprenden geografía en los bacalaos secos que cuelgan a la puerta de las tiendas.

En las mazmorras del castillo de San Jorge tienen encerrado a un dragón que escupe fuego por la boca y reza el rosario en español.

La melancolía de Portugal se explica porque todas las tardes el país se detiene para contemplar la puesta del sol.

Algunos días de niebla he podido ver al caballo blanco de don Sebastián, pero sin jinete.

Los portugueses hablan tan bajo que a veces ni se enteran de lo que dicen.

Los míseros (1916), ambientada en la colonia de veraneantes españoles de Figueira da Foz; *Las tricanas* (1916), que narra la historia de la amante de un estudiante de Coimbra, y *Don Manolito* (1916), inspirada en un personaje real, un republicano español exiliado, al que Carmen y Ramón conocieron en Lisboa. Las restantes fueron escritas a comienzos de los años veinte, aunque todas antes de instalarse en «El Ventanal»: *La Flor de la Playa* (1920), *Los amores de Faustino* (1920), ambientada en el zoológico de Lisboa; *El suicida asesinado* (1922), construida sobre las notas de un ahogado en Cascais, y finalmente *El hastío de amor* (1923), basada en las *Lettres Portugaises* de Mariana Alcaforado (1669). A ellas hay que añadir *El retorno* (1922), una novela extensa de tema espiritista que fue publicada simultáneamente en portugués y español. Ver Pedro M. Domene, *Carmen de Burgos Colombine, Visión de Portugal* blog, 2019.

Los portugueses, antes de hacer una revolución, piden permiso.

Si todas las escaleras de las calles de Lisboa se pusieran una sobre otra llegarían al cielo.

En Lisboa conservan el siglo XIX como mi tía Carolina Coronado guardaba embalsamado el cadáver de su marido.

Al portugués le gusta enamorarse para toda la vida, por eso, ahora que la República ha traído el divorcio, procuran enamorarse de una mujer distinta de su esposa.

Los poetas portugueses no cuentan las sílabas sino los suspiros.

En Portugal la alegría no se baila, se canta y se llora.

Solo quien llega en barco entra en Lisboa por la puerta principal.

El portugués no es más que el español con mala ortografía y buena educación.

La plaza más triste de Lisboa se llama plaza de la Alegría.

En los azulejos blancos y azules un niño nos cuenta la historia del mundo.

En Lisboa está la zapatería a la que San Pedro llevaba a arreglar sus sandalias.

En Lisboa hay poetas que se suicidan por no encontrar la última rima de un soneto.

Ulises, disfrazado de mendigo, fundó esta ciudad y le gustó tanto que aún no ha encontrado el momento de marcharse.

También la luna, en las noches sin luna, ronda por el Cais de Sodré en busca de marineros.

Los hombres solos están en los cafés de Portugal más solos que en ninguna otra parte.

La quinta de Palmira será la más detallada elaboración de la gran alegoría que Ramón encuentra en Portugal, como territorio de una condición más abierta culturalmente al misterio, es decir al jeroglífico en que se hibridan clasicismo y modernidad viajera.

En *Revista de Letras* (14 de marzo de 2016) encontramos una viñeta de Miguel M. Manzanas que resume muy bien la proximidad y la distancia entre Ramón y Pessoa:

> Gómez de la Serna fue uno de los escritores españoles (junto con el propio Unamuno o Eugeni d'Ors) que más se preocuparon por Portugal y su literatura. Siempre atento a las relaciones personales y a las vanguardias, mantuvo amistad, entre otros, con Almada Negreiros, António Ferro y José Pacheco, director de *Contemporânea*, revista que se convertiría en uno de los principales puentes entre los escritores más vanguardistas de ambos lados de la raya.

De la Serna, durante su estancia en Portugal, será parte activa en la vida literaria de Lisboa. Sabemos que Pessoa era un asistente asiduo a encuentros y tertulias en los cafés, centros neurálgicos de la intelectualidad del momento.

La pregunta surge por sí sola: ¿se conocieron personalmente? No hay certeza absoluta de que así fuese, pero disponemos de un par de indicios que todo parece indicar que sí llegaron a encontrarse. Por un lado, en la biblioteca personal de Pessoa se encontró el volumen *La inferioridad mental de la mujer*, del neurólogo alemán Paul Julius Moebius, curiosamente traducido y prologado por Carmen de Burgos; atendiendo a las características del libro, todo parece indicar que fue la propia *Colombine* quien hizo entrega del ejemplar a Pessoa.

Por otra parte, hay que tener muy en cuenta el siguiente texto de Gómez de la Serna, incluido en *Pombo*, en el que hace referencia a los principales autores jóvenes que conoció en su etapa portuguesa:

> Perdidos, pero frenéticos de inspiración, hay muchos jóvenes de corazón hijo del sol naciente, como Veiga Simões, como Joaquim Correia da Costa, como Mário Beirão, Afonso Duarte, Mário de Sá-Carneiro, suicida del que otro gran poeta que fue su amigo, António Ferro, ha dicho «que fue el último suicida de su obra», Fernando de Pessoa, Augusto de Santa Rita, Luís de Montalvor, Silva Tavares, Pedro Menezes, Luis J. Pinto, Augusto Cunha.

«Perdido pero frenético de inspiración»: a buen seguro que Pessoa hubiera estado de acuerdo con esa definición de sí mismo. He aquí el posible encuentro, he aquí el error. Ese impreciso sintagma, ese *de* accidental entre nombre y apellido, parece decirnos que el conocimiento que Gómez de la Serna tuvo de Pessoa fue más bien reducido; en todo caso, tal mención, aunque incorrecta, parece indicarnos que el contacto físico tuvo lugar.

Las diversas comparaciones que aquí establezco a veces entre Ramón y el propio Pessoa tienen que ver con la pulsión viajera (de viajero en tierra del escribiente Pessoa, pero de navegante con el virus del gran viaje que le viene desde pequeño –de Ciudad del Cabo a Lisboa, niño con su madre– y que se despliega con tremenda fuerza en la *Oda marítima*) pero sobre todo con la presencia, ya para nosotros disponible, de su *Libro del desasosiego*, en él las imágenes de la vida cotidiana, de la ciudad que Pessoa hace sinónimo de sí mismo, tienen fuertes resonancias ramonianas. Donde se anuncia el despojamiento del yo, la persecución del más profundo sujeto. La llamada de fondo del hipersociable Ramón que se acaba refugiando en su piso de Buenos Aires:

> Mi deseo es huir, huir de lo que es mío, huir de lo que amo. Deseo partir no para las Indias imposibles, o para las grandes islas del profundo sur, sino para cualquier lugar –aldea o yermo– que tenga en sí no ser este lugar, Quiero no ver más estos rostros, estos hábitos y estos días. Quiero reposar, ajeno, de mi fingimiento orgánico. Quiero sentir que el sueño llega como vida, y no como reposo. Una cabaña a la vera del mar, una caverna, incluso la terraza escarpada de una sierra, me puede dar esto. Por desgracia, mi sola voluntad no me lo puede dar[112].

112   Fernando Pessoa, *Livro do desasossego*, 1967, p. 182. Traducción de José Miguel Marinas.

La *quinta de Palmyra*[113] cuenta la ensoñación y la gran alegoría de un mundo que alcanza el cenit de su elevación mundana al tiempo que muestra el dominio implacable de los deseos, su logro y su pérdida, como la otra cara de esta sociedad del principio de siglo. Como los relatos renacentistas y barrocos, el exterior es hostil (aquí es la guerra europea) imprescindible para cultivar un interior cargado se sensualidad y búsqueda tanática. El entorno es el imperio de lo cursi: veladorcitos, ceniceros, cajitas revestidas de conchas, relojes ingleses, bustos con melena de Luis XV. Todo preparado como en aquella *Edad de la inocencia*, en la que décadas antes Enid Warton ha presentado la dualidad americana: entre un logro productivista y la ausencia de una clase noble que hay que fingir por simulacros poderosos. Aquí es a la inversa: nobleza hay, pero esta no sostiene un mundo que progresa sino una decadencia que no se atreve a decir su nombre. ¿Qué le mueve a Ramón para cifrar de esta manera la tensión que se alzó con la Gran Guerra?

Como *la Nardo* que ve refugiarse en la plaza de toros a una ciudadanía madriles aterrada por el cometa Halley, aquí, entre la suave Palmira y el canalla Armando existe ese juego de escondite en el que «frente a la soledad y el mar solo cabe refugiarse en el amor». Palmyra lleva un papagayo bordado y una leyenda para conjurar su venida, puesto que es el papagayo de la pena y sus penas no tienen fin. Armando se pierde, artero, entre los relatos de sus fantasiosas propiedades tropicales y «la sedosa suavidad del puro habano... y las cornucopias le dirigían miradas atroces».

El ambiente un tanto *chantilly* se ve alterado con el anuncio de la electricidad, el tren eléctrico.

No podemos detenernos ahora en los juegos y vaivenes de los amores y desamores de Palmyra, y en sus personajes fuertemente estereotipados (quizá porque a Ramón no le interesa tanto la historia sino la floración que se despierta al narrarla).

Precisamente porque el tema del encuentro portugués sea la reflexión sobre el deseo y sus nuevas formas que la sociedad puritana va dejando permear en la cotidianeidad más atenta, Ramón se encandila y nos encandila con la febrilidad de sus personajes, y, de paso, elabora una nueva perspectiva sobre el deseo de las mujeres. Encendido con ese deseo que describe y analiza con trazos sucintos y a la vez densos.

Esa quinta es alegoría del nuevo mundo deseante: el que brota en el fin del siglo XIX y sirve a los analistas (otra vez Freud entre los primeros) pero también a los novelistas como Hofmannsthal, para poner sobre el papel la urdimbre de las pasiones de la Viena que bulle de innovaciones y efigies. Viena no es ciudad industrializada y el antiguo régimen tiene un peso parecido al de Lisboa. Si nos centramos, por concluir este apunte, en el culmen de la novela,

113   Estoy citando ahora por la edición de Bruguera, Barcelona, 1982.

Palmyra y Lucinda muestran el deseo femenino y... a Ramón que lo habita y lo habla con enorme cuidado y precisión sorprendente:

> En el porvenir se las perdonaría por la época de hombres violentos y zafios que aquella en que realizaron sus locuras [...] Esa cosa ambiciosa y desesperada del hombre, que es un eterno emigrante, se aplicaba en ellas (p. 151).

> Esa manera con que el hombre tira de la mano femenina, arrancándola a toda contemplación para llevarla a la alcoba, no era la manera con que ellas se retiraban después de haberse adormecido mirando» (152)

> La compañera era un abismo, pero uno de esos abismos consoladores en cuya sima hay un eco que responde en el hombre el eco a veces no responde y huye (p. 152).

> No se ocultarían ni averiguarían el abismo en que consiste la inquietud de la vida ¿Para qué engañarse? Antes y después, abismo insaciable. Así no brotaría ese desengaño que brota en el hombre indignado por no haber sido saciado nunca. Ellas ya lo sabían, por lo menos antes de comenzar (p. 154).

> En el Museo de Coches de Lisboa está en suspenso la historia y he admirado sus carrozas de oro que atravesaron los sinuosos caminos del mundo en busca de Roma (*Automoribundia*, p. 218).

> En Nápoles descubrí la mariposa de los volcanes, a la que di el nombre de una tía abuela mía, Carolina. Pacientemente observé que cuando el Vesubio iba a entrar en erupción revoloteaba junto al volcán una mariposa color fuego, que auguraba las efusiones de lava. Gracias a esa mariposa, en una de las más violentas conmociones de Nápoles, yo tomé el tren de Roma con anticipación.

Ramón en Buenos Aires

La visión del mercado moderno y sus aperturas y contradicciones tiene un punto de llegada en la obra de Ramón en su *Explicación de Buenos Aires*. Libro formado por el centón de artículos enviados a la prensa española, concretamente al diario *Arriba*[114]. La visión de Madrid y la explicación de Buenos Aires son dos calas extraordinarias en lo que venimos llamando el espacio del mercado:

> Creer que no se llamó como se llama por Nuestra Señora del Buen Aire,
> sino porque aquellos españoles eran buenos catadores de aires y se

---

114 Años después, desde el mismo Buenos Aires escribe el 18 de diciembre de 1945, a José M. Castañón hijo de su amigo Guillermo, ovetense, ponderando de manera dramática lo que supone en realidad esta colaboración: «Aquí la vida es mucho más difícil para el escritor y yo después de ocho años negros vivo ahora con respiro gracias a España y a lo que me llega de ahí por mis colaboraciones. Con esto creo que le he dicho bastante». Juan Carlos Albert «Cuatro cartas de Ramón a José Manuel Castañón», *Boletín Ramón*, 2001, n.º 2, p. 17. (Ver segunda parte de este libro).

dieron cuenta del *bouquet* a manzanilla olorosa que tenía el aire que respiraban (*Explicación de Buenos Aires*, 487).

Conocer las horas por detalles inusitados, por ejemplo, que son las cuatro y media porque señoras muy elegantes entran en las joyerías, o que son las siete y cuarto porque es cuando salen las mujeres muy repeinadas y con los ojos encandilados a tomarse el copetín (*ibid.*, 487).

Marearse de ver tantas piernas de cartón o de cristal dando puntapiés al aire para avisar que saldan sus medias (*ibid.*, 487).

Presenciar telefoneadores y telefoneadoras en plana confidencia en el rincón telefónico de los mostradores (*ibid.*, 488).

Centrarse en las relaciones viajeras de Ramón y Ortega (1928-1931)[115] es un filtro real para ver el acercamiento de Ramón a Buenos Aires.

Hay una aproximación intensa e interesante en la que se reúnen los intereses, de Ortega y de Ramón en torno a Buenos Aires. Incluso parece que en la decisión primera de argentinizarse Ramón toma el ejemplo de Ortega más que de cualquier otro. Todo empieza con la carta de 1924 a Jorge Luis Borges, para anunciarle que va a ir con Ortega, en julio [de 1925], «dispuesto a dar unas animadas conferencias en Buenos Aires».

Borges se hace eco de la misiva y de la intención en el número 5 de la revista *Proa,* de la que es codirector. Y eso moviliza a la preparación de un «agasajo» en *Martín Fierro*, en un suplemento *Homenaje a Ramón*. Así que la venida de Ramón a Buenos Aires tendrá el aire de un pago o de una correspondencia por su buen trato a los argentinos (especialmente la reseña en la *Revista de Occidente* del texto de Borges, del número 19 del periódico *Martín Fierro*, Buenos Aires, 18 de julio de 1925)[116]. Más adelante explica (1941) que la gripe que le impidió el viaje se llama... Ortega: «iba a ir también don José Ortega y Gasset que era el que me había animado al viaje y don José lo dejó para después y yo no me atreví a lanzarme solo a un mundo desconocido aunque lleno de amigos».

Ortega viaja en 1928, doce años después de su exitoso viaje de 1916, y ya no es lo mismo. Las tendencias y las ideas porteñas se han hecho más complejas y un tanto distantes del «madrepatrismo» que implicó el primer intercambio.

Ramón, por su parte, pretende corresponder a Borges (y a los demás amigos, entre ellos, siempre, Girondo)[117]. Borges había pasado por el Pombo. Y acepta escribir para la *Revista de Occidente* una reseña de *Fervor de Buenos Aires*, reconstruye «el Buenos Aires rimbombante de la Avenida de Mayo... más somero, más apasionado, con callecitas silenciosas y conmovedoras, un

---

115 Carlos García (Hamburg) «Ramón y Ortega 1928-1931», [Una versión previa de este trabajo, del año 2004, apareció en la *Revista de Occidente* 296, Madrid, enero de 2006, 132-142 (allí atribuida por error a un «Carlos Ortega»). En versión de julio de 2006, el texto fue publicado en *Boletín RAMÓN*, n.º 14, Madrid, primavera de 2007, pp. 64-74. La presente es de octubre de 2017].

116 En el número 19 (Buenos Aires, 18 de julio de 1925).

117 Nicolás Fernández-Medín «Ramón Gómez de la Serna en Buenos Aires: un vanguardista español en «la ciudad más interesante y cortés de América» *Boletín RAMÓN*, n.º 10, primavera 2005, p. 3.

poco granadinas» (1924). Y con ello se forma la imagen de la ciudad que Ramón cultivará y completará en sus conferencias entre el 1931 y 1933.

Allí ensaya una nueva mirada bohemia, a la americana, una atención refinada a los detalles de esa ciudad a la que Luisa Sofovich, futura esposa de Ramón, caracterizó de gran taller de escultura.

Buenos Aires es la recepción de su palabra y de su escritos chispeantes, pero es también la propia Luisa:

> Muchas vueltas di por el mundo buscándola, y he de confesar que mi visita a América fue una última carta de la posibilidad de encontrarla. Probablemente sin ese deseo de probar la última suerte en busca de un perfil en el que en que encajase el recorte del azar, no hubiese salido de Madrid y hubiera renunciado a ese viaje como renuncié a tantas cosas [...] Para mi fue el deslumbramiento de lo que buscaba del otro lado de lo supuesto como el último eco del logro supremo de la esperanza (Automoribundia, *op. cit.*, p. 640).

Que Ramón lleva tiempo construyendo su escenario, su mundo nuevo, a base de greguerías, ya es algo destacado. En la cifra recién compuesta de la greguería está lo vertiginoso de la ciudad nueva y las hebras de la de antes. Y su originalidad destella hasta los nuevos lectores. Entre los críticos que ya van acercándose y poniéndose (siquiera unos años) a su lado está el aserto de Francisco Bernárdez que saluda a Ramón nada menos que como regio adelantado del idioma que viene a fundar Buenos Aires por tercera vez. Que después de Garay y de Rosas, Ramón tiene entidad de fundador puesto que ofrece (a toda América) la idea de una identidad basada en el descubrimiento y no en la repetición de las tradiciones. Y es convertido en fetiche, en un nuevo Moisés de la literatura.

Fascinante episodio que Ramón vinculará siempre a su peregrinar por la ciudad. Pero que pronto, demasiado pronto le es retirado, con la misma vehemencia que le fue concedido.

La esperanza en hacer de verdad un mundo nuevo –que se parece demasiado al afán didáctico del Ortega de la *Meditación de la criolla*[118]–. En 1931 Ramón da siete conferencias (¡qué remedo de sus siete palabras juveniles!) en Buenos aires y es saludado por Victoria Ocampo en la revista *Sur*.

Buenos Aires que se da a la mirada de Ramón quien hace su mapa detallado en los artículos que desde mediados de los cuarenta envía a España (diario *Arriba*).

Como en la segunda parte detallaremos los procesos interiores de Ramón, ahora me limito a la consideración de una nativa, la propia Luisa Sofovich, para presentar la propia urdimbre ciudadana, la dificultad de descifrar el jeroglífico, que fue tarea sempiterna de Gómez de la Serna. Especialmente en *Explicación de Buenos Aires.* Así dice Luisa en su texto del sesenta y dos:

118   Ortega y Gasset: *Meditación de la criolla, Obras compleas*, VIII, pp. 411-445

Con los muchos años que llevo en ella callejeándola a troche y moche, día y noche, repasando todos sus barrios, vericuetos y andurriales, no he encontrado aún su síntesis. Por eso me asombra mucho el que algún recién venido y rápidamente ido, algún «paracaidista» de horas, crea saber lo que significa la gran ciudad de trazos corredizos, vagorosos y metamorfoseados cada dos días... (Luisa Sofovich, Ramón Gómez de la Serna, Buenos Aires, Ediciones Culturales Argentinas, 1962, 87).

[En Buenos Aires] varían repentinamente sus casas, siendo independiente a sus señales y a sus esquinas la flotación como si hubiese un oleaje que lo esté variando todo por momentos, como un rizo móvil de gentes, de cosas, de balcones, de postales, de tiendas –inauguradas y traspasadas– que hace que no se pueda trazar un mapa definitivo... Incluso un *flanêurismo* consciente y detallista termina en borraduras e incógnitas: «En los días de más conciencia andariega por el plano de Buenos Aires, todo se nos borra y sentimos que estamos en una latitud con un grado correspondiente, sobrecubierta de un barco inmenso y parado, frente a una incógnita amedrante, respirando una atmósfera hecha de interrogaciones y reformaciones» (Sofovich, 98). Y es precisamente esta «atmosfera» insoslayable, ineludible y amorfa de Buenos Aires, que le inspira a Ramón a observar la metrópolis desde fuera y escribir ensayos tan reveladores como «Los Barcos que vuelven a volver» («...Estamos en zozobra que tiene estribaciones en cien lejanías; miramos el horizonte con recelo»); «El cielo de aquí y la Cruz del Sur» («...Yo, sin embargo, confieso que sigo sin acabarla de ver, dedicado a mirar el confuso y esplendoroso cielo de aquí») eso da más carácter (Sofovich, 98).

La anulación del yo

Lo inconsciente está a la vista

¿Cómo es el sujeto que conoce y vive el mundo del consumo?. Tratar con unos espacios y tiempos diferentes, con palabras y gestos, con interlocutores nuevos, con objetos y significantes recién imaginados, engendra un destinatario nunca visto.

Vengamos ahora en esta segunda parte a responder a la pregunta: qué sujeto es el que Ramón propone para conocer y vivir en ese mundo híbrido de casticismo que ya es vergonzante y de modernismo a lo Marinetti, donde lo mecánico y lo nunca visto es la huella anticipada del mundo nuevo. Pues bien: ese sujeto que Ramón imagina como el conocedor y el que está destinado a vivir el mundo que emerge es un sujeto que no tiene los rasgos ni las cualidades del yo convencional. Como ocurre con el mundo de las mercancías el sujeto es también producto de un bazar. Surge de la multiplicidad de modos de asir, disfrutar, sufrir, compartir los objetos, los signos, las trazas de la subjetividad diseminada.

Sujeto no es el héroe de un relato, es una suposición. Es *suppositum*: se supone que bajo la diversidad desordenada subyace –*subjectum*– una instancia, un pulso que golpea las tinieblas, una brizna de vida mía, a la que hacemos responsable de lo que nos acontece. Y sobre todo convertimos en el lugar del que brotan nuestros más íntimos deseos. Desde esta perspectiva, lo que el psicoanálisis nos enseña es que del sujeto la mayor parte (de ese *iceberg*, en metáfora del mismo Freud) nos es desconocida, está bajo las aguas de la experiencia. Si además la llamamos inconsciente es que afirmamos que no la podemos tomar como objeto de conocimiento (es propiamente hablando incognoscible), no podemos hablar del todo de ella, salvo cuando reconocemos que el inconsciente lo es no porque lo hablemos sino por que «nos habla».

Sabemos que Jacques Lacan revoluciona un tanto nuestra manera de representarnos los procesos subjetivos cuando lanza su frase lapidaria: lo inconsciente es éxtimo[119]. Acostumbrados como estamos a pensar que los procesos que nos rigen en cierto modo están ocultos no son accesibles a nuestra introspección, al menos en sus claves últimas, llegamos a pensar que lo inconsciente está dentro, en profundidad, y se expresa sin palabras claras. Pues bien, en Ramón tenemos una red de significantes que nos acotan un lugar y un modo de nuestro ser sujetos y que se aproxima notablemente, sorprendentemente, a la noción de sujeto de lo inconsciente de la tradición psicoanalítica. Vamos a ver algunos de sus núcleos, curiosamente en sus primeras obras.

También sabemos que éxtimo es un superlativo de superioridad (positivo *extra* [fuera] comparativo *exterior* [a la letra «más afuera»], superlativo éxtimo [lo más afuera posible]; al igual que lo es íntimo (positivo *intus* [dentro], comparativo, *interior* [más adentro], superlativo *intimo*)[lo más dentro posible]. Tengámoslo en cuenta para calibrar la sorpresa al leer los enunciados ramonianos que vacían la introspección de figuras mostrencas y repetidas, para enfocar la interioridad como un espacio abierto, que se va configurando con los seres que el sujeto imagina, crea, potencia[120]. Ese vaciamiento del yo y la adopción y la composición decidida de los seres que engendra la interioridad es central en Ramón desde sus obras más tempranas. Es decir, lo que percibe Ramón es que los procesos de lo inconsciente, o del subconsciente (hay dudas sobre el término, en este momento, fuera del ámbito estrictamente psicoanalítico). No están en un interior insondable que requiere traje de buzo y buenos pulmones para conocer de cerca. Lo que mueve nuestro interior está a la vista.

La hipersensibilidad ramoniana (*hiperestesia* es su palabra, que es palabra de época) ante los fenómenos que implican el nexo vida-muerte le acerca de modo sorprendente al hallazgo de lo inconsciente, de la otra escena que consagró el trabajo de Sigmund Freud. Quiero aclarar que no se trata de desvelar un oculto saber psicoanalítico del que ni él mismo se diera cuenta, pero sí presentar algunos indicios –que son también son de época– en los que Ramón, como Benjamin, como Pessoa, coinciden con la gran intuición del plano inconsciente como escena central de nuestras vidas.

Este es el gran hallazgo que muy pronto Ramón difunde en varios de sus libros, comenzando por el temprano *El libro mudo* (que escribe con veintiún años, en 1910) y, más tarde, en el 14 especialmente, en *El doctor inverosímil*. Algo más nos dice en otros lugares, pero yo me fijo especialmente en *Senos*, *Automoribundia* y su apostilla *Nuevas páginas sobre mi vida*.

---

119 *Seminario 7 de la Ética del Psicoanálisis*, 1959-1960: propone aquí la extimidad como lugar de lo inconsciente.

120 En mi trabajo *La razón biográfica. Ética y política de la identidad*, Biblioteca Nueva, 1996, planteo un salto en la representación de la interioridad entre la época clásica grecolatina (poblada de daimones y espíritus positivos y negativos) para pasar a una visión despejada y despojada, que es la que inaugura principalmente Agustín de Hipona, con su visión del ser humano y de Dios como *intimior intimo meo* (más íntimo que lo más íntimo imaginable). Intimidad diseminada es el nombre que se me ocurre para lo íntimo contemporáneo.

Más allá del nombre

«Lo real es lo aislado, lo inabordable» (*El Libro mudo*, 93)

Comencemos diciendo que el nombre de *El libro mudo* es un título de enorme alcance porque sitúa la escritura, desde el comienzo, más allá de la transmisión, de la enunciación narradora. Podemos suponer que Ramón era conocedor de un antecedente histórico, casi místico: un libro mudo del barroco que tuvo notable fama. La fuente del diccionario nos dice que el *Mutus Liber* (*El libro mudo*) fue un texto publicado en Francia en 1677 por el editor Pedro Savouret. Su autoría, por largo tiempo desconocida y especulada, fue atribuida a Isaac Baulot, un boticario y estudioso en medicina de La Rochelle, nacido en la misma provincia en 1612. Se supone que contiene los lineamientos para crear la piedra filosofal[121].

Toda esta entrada inconfesa es para situarnos en el modo de escritura de este libro temprano e inspirado. La radicalidad de esta mirada está en la consideración de un libro no para ser leído sino para que surta efecto. Como la magia, sus signos engendran situaciones, cosas, nombres que antes no estaban.

La cercanía con el valor de la oralidad frente a la escritura en el sentido de la *mathesis* (la transmisión de conocimientos en el texto escrito de la que Barthes habla)[122], hace de ella una señal propia de una originalidad poco común. Está más cerca de la oralidad que proclama *El grado cero de la escritura*, barthesiano pero con el rasgo inicial de privilegiar la voz antes que el texto: el decir es una voz que se pone en ejercicio al escribir antes de que lo dicho se archive en la trama impresa. Es la frescura o el descaro que el joven autor proclama en carta a su amigo Guillermo Castañón, con motivo del envío del mismo libro:[123] «…usted necesitaba un libro tan blasfemo y tan defecador y tan bondadoso como este que no se había escrito aún».

Es un libro que sale de la intimidad, que sale del cuerpo. Y el tono de convocar a un tiempo a la destrucción y a la amistad es marca ya de la casa ramoniana: entre la melancolía y la exaltación de la otra cara de la vida. En una ciudad, París, en la que se siente «comprendido por las calles más que por los hombres», que evoca la reflexión de Walter Benjamin en su *Libro de los pasajes*, cuando sentía que conocía mejor la ciudad cuando podía emular

---

121   El proceso se muestra a través de 15 láminas grabadas solo con imágenes, solo las últimas dos láminas contienen alguna frase textual. En la lámina 14 encontramos el texto *Ora, Lege, Lege, Lege, Relege, Labora et Invenies,* (Ora, Lee, Lee, Lee, Relee, Trabaja y Encontrarás) que supone sirve de guía no solo para quienes deseen desentrañar y practicar los profundos misterios de la Alquimia, sino a todo aquel que emprenda una búsqueda profunda e interior. Vid. Jean Flouret, «À propos de l'auteur du Mutus Liber», *Revue française d'histoire du livre,* n.º 11 – N.S., abril-junio de 1976, pp. 206-211.

122   Roland Barthes, *Lección*. Siglo XXI, trad. de José Miguel Marinas. *Vid.* también *El grado cero de la escritura,* Madrid: Siglo XXI, 1980.

123   Ramón, Carta a Guillermo Castañon, carta n.º 11 Recogida por Ioana Zlotescu en su excelente prólogo a *El libro mudo,* Fondo de Cultura Económica, 1987. p. 10.

a un perro que va por las aceras y se cuela en los portales[124]. Escribir de verdad es alejarse de la huella humana, de la marca de la tribu:

> Ese consuelo que todos los buenos necesitamos prodigarnos, hecho de palabras ahuyentadas. No hay cosa que más una que la huída en la soledad, y en la noche y en la apatía del camino. Huidos de un correccional. No hay mejor parentesco (carta a Castañon, *ibid.*).

Lo que llama la atención es que este ejercicio intenso, de por sí juvenil y solitario, no deja de tener un interlocutor plural. Casi que el nombre Ramón con el que comienza cada párrafo equivale a una comunidad imaginaria y sin embargo presente. El escapado de la ley kafkiana, del correccional, mira a los lados buscando compañeros de fuga que formarán su verdadera fratría, su *communitas* real. No se puede reprimir la referencia a la convocatoria de Bataille, la comunidad de quienes no tienen comunidad[125]. Los fugados al otro lado de la realidad, del ordenamiento de las cosas y las relaciones entre personas se ven constreñidos a inventar otro tipo de vínculo.

El sabor transgresor de este enfoque fundante para el joven escritor va ligado a la afirmación de la amistad que, como decía la máxima ciceroniana, no se da sino entre los buenos (*nisi in bonis esse non posse: De amicitia*). Y el descubrimiento de la fuerza ética de la escritura de Ramón, de su ponerse a escribir, lo encontramos en este libro que, al decir de los estudiosos, le da incesantes vueltas a su yoidad hasta agotar todas la posibilidades de decir yo. Mi suposición es que se trata de algo más radical que un autoanálisis. Ramón comienza con la extrema valentía de tomar este *shifter*, este pronombre indicador, como un señuelo, como el simulacro de una identidad que ya barrunta compleja, facetada, de muchas capas y de ninguna consistencia metafísica. Por eso prefiere ponerse el mote de Ramón. Que es al tiempo la firma, y el interlocutor primero: después de toda una adolescencia y primera juventud creando fábulas, vengamos ahora –parece decir– a mostrar a quien se supone que dice, escribe, muestra.

No es tanto un solitario singular, aislado. Al convocarlo mediante el nombre lo hace consistir en otro –que cualquiera puede convocar a su vez– que mira, escucha, interpreta y devuelve la enunciación. No es un yo con biografía: es el decir que no se reprime y que brota de un hontanar de superficie (el sujeto de lo inconsciente). Ramón deja brotar una voz que instaura un mundo entero. Más allá de su castiza biografía o de sus aspiraciones transnacionales.

Y lo hace no con un análisis de contenidos psicológicos, sino con el procedimiento que hemos visto que inaugura la mirada psicoanalítica: la asociación.

---

124 José Miguel Marinas, *La ciudad y la esfinge*, «Lo inconsciente en las ciudades», Madrid: Ed. Síntesis, 2015.

125 Esa idea de los que comparten un *munus* (oficio, recurso, memoria) y hacen realmente comunidad (*communitas*) la he desarrollado en varios lugares: *El síntoma comunitario entre polis y mercado*, Madrid: Ed. Antonio Machado, 2004 y también en mi *Ética de lo inconsciente*: sobre comunidad y psicoanálisis. Madrid: Biblioteca Nueva, 2014.

El desplazamiento de campos, hitos, nombres, acciones, responde a aquel gesto de los alquimistas que buscaban la piedra filosofal recorriendo materiales variados, cuerpos preciosos y aún substancias deleznables, para que de la travesía se engendrase lo nunca dicho. No le quiero atribuir a Ramón, matizo de nuevo, una especie de don psicoanalítico del que ni siquiera es muy consciente. No es un hermeneuta, en la medida en que el mismo psicoanálisis está lejos de ser una hermenéutica textual: pero sí apunta, como veremos más en detalle, a esa comprensión escénica que compone lo inconsciente. Sí que tiene en alto grado –y este libro lo muestra con rotundidad– la capacidad de tirar de las hebras menudas, de los gestos involuntarios, de los recorridos impremeditados para reconocerse en ellos como en el mejor espejo.

Este libro está hecho de fragmentos que comienza cada uno por la palabra *Ramón*. Se presenta como una serie de soliloquios, de confesiones en voz alta que desde el comienzo van más allá de la mera anécdota o de la revisión de lo vivido. Más bien se trata de una exploración, de sacar a flote evidencia y sospechas no sopesadas antes, pero que se entienden como claves ocultas e íntimas (y por eso no dichas antes) del vivir.

En el proceso de explorar el sujeto de Ramón, comenzar por *El libro mudo* es una fuente de sorpresas. Porque en él hay dos opciones de escritura que son fundamentales y novedosas: los límites del lenguaje (y del nombre) y los límites del mundo (del conocimiento de lo real).

Llama la atención cómo maneja Ramón el término «lo real» que inevitablemente, nos lleva a relacionarlo con el uso lacaniano del término, por cuanto que lo real se presenta –en la formulación más madura de Lacan y la más propia– como la tercera dimensión, junto con lo imaginario y lo simbólico (sintetizando en exceso: el sujeto y el lenguaje). Esa especie de pirronismo –de ignorancia constitutiva, premeditada y esencial– que acompaña a Ramón desde el comienzo tiene el interés de este carácter temprano y de su originalidad. El libro mudo está concebido precisamente como una exploración en los límites del sujeto: ni conoce propiamente, ni puede propiamente nombrar lo que hay. Solo a través de aproximaciones, de simulacros, de alegorías que tratan de cifrar lo nuevo:

> Ya ahora al sentarme me he sentado más hondo y más desaparecido…
> Bien… Todo esto lo legamos al rastro y uno mismo al rastro también, porque hemos visto ya vender un esqueleto en el fondo de una caja de cartón, como los restos de un crimen vencido, prescrito ya, o de un hombre que recabando toda su libertad se metió y se ahuesó en la caja para ir al rastro a pasar las tardes como a un paraíso (*ibid.*, 256).

Como ya vimos al hablar del mercado, y específicamente del rastro, se trata de una gran alegoría –de la vida moderna, de la acumulación de lo antiguo que hace de freno para el progreso– y que en esta cita encuentra su clave. La voluntad de fusión con el mundo de las formas de las mercancías, porque en ellas se sospecha que están –más que en una reflexión metafísica– las claves de la propia vida.

Esa voluntad de despersonalización calculada se lleva, paradójicamente, recurriendo al nombre de Ramón, que en este momento ya se está convirtiendo en un nombre-marca. Ramón es la puerta no al yo sino a un espacio mediado por las cosas del mundo moderno, lleno de guiños y de sorpresas que edifican la propia identidad. De Ramón al mundo.

Lo crucial es que detrás del nombre del interlocutor del texto, Ramón, no está ya el sujeto civil, doctor en derecho, funcionario a veces, grafómano incesante. Detrás del nombre y más allá de él hay su supuesto, un sujeto que Gómez de la Serna va conociendo a medida que lo escribe, que se escribe. Esto tiene su génesis, en términos de su estudiosa Ioana Zlotescu –en el prólogo de este obra– en «el vitalismo nietszcheano que le impulsa [...] a violentar –Ramón dirá «violar»– su yo, obligándole a alcanzar los límites de su plasticidad en sucesivas metamorfosis, hasta llegar al paroxismo de ser uno y todos al mismo tiempo (pp. 15-16). Es una apreciación muy justa, que nos sitúa en la radicalidad inicial. Yo creo que hay un par de aspectos más que no conviene dejar pasar: (a) Ramón no va de personaje en personaje de los vividos y experimentados por él mismo, sino que se abisma en la percepción de un sujeto, de un pulso que golpea las tinieblas, y que no tiene por qué parecerse a sus egos cotidianos, (b) al superar de la mano de su nombre, su territorio personal definido desde la consciencia, entra en desentrañar los límites del mundo. Habla de más allá de él (el territorio aún no nombrado del sujeto), habla de más allá de la realidad (de lo indefinible de lo real)[126].·

Podemos sospechar que uno de los primeros pasos que Ramón da en la indagación de sujeto (del sujeto que él es, del sujeto que construimos cada cual) es precisamente la utilización del nombre propio como iniciador de la secuencia de fragmentos de reflexiones que un autor tan joven pone ya como bandera de su propia condición de escritor. Esta indagación poderosa y radical aparece por primera vez soprendentemente completa y abierta en *El libro mudo*:

> RAMÓN, [...] Sentir esta tarde como si se hubiesen perdido mis señas, mi dirección y mi apellido [...] El nombre ya es solo una cosa inter-nos que nos defiende de toda confusión con los otros –no con lo otro, claro está– [...] nos hemos quedado solos a fuerza dc Ramón [...] Hemos hecho nuestro interior, nuestra labor de zapa, zapa en todas las direcciones de la estrella del mar [...]

Destaquemos de nuevo la vía del despojamiento que le lleva a levantar la bandera de su mero nombre (lo que equivale a presentarse como radicalmente

---

126 Es sorprendente –por no cargar las tintas hacia una lectura psicoanalítica que ni siquiera intento– que Ramón utiliza con propiedad el término «lo real», para distinguir la esencia inasible indefinible, respecto de la realidad de lo vivido. Es una asociación, que no evito, con la terminología de treinta años más tarde (Lacan) pero nada más.

solo, por indeterminado, lejano de los estigmas) y al mismo tiempo cómo esa vía tiene el carácter pérfido no de proteger su intimidad y su escritura en lo que tiene de pulso único, sino que lo lanza al mundo de las marcas: Ramón no será su refugio solitario sino su ventanal de mostración a un mundo voraz que lo consumirá incesantemente como si fuera una marca comercial: RAMON.

Esta «brandización» del nombre le sirve también para tapar de continuo, irónicamente, su voluntad más radical (diríamos anacrónicamente: «ni dios, ni rey, ni CNT»). Barreras y parapetos para no dejarse intervenir por la iglesia, la ley, la creencia en el orden. El nombre RAMON funciona como los personajes de chafarrinón que aparecen en «Esencias de verbena» (el orador con la enorme mano de plástico, el torero que estoquea un torazo de carril en un puesto de la feria, la misma oscilación de Ramón como monigote entreverado entre los muñecos del pimpampún) o en la vida real: el discurso desde el trapecio del circo en Madrid, el que lanza a lomos de un elefante en París, y en general todos los personajes nuevos con trazas antiguas que interpreta en la vida real detrás de un solemne monóculo sin cristal. Podemos incluir la escandalosa visita a Franco hacia 1950, con un frac alquilado en el rastro[127].

Apoyarse en el nombre propio –ya despojado– para ir más allá: la fascinación y la osadía obligada que lleva a tratar de contar cómo es lo real:

> Lo demás es una sensación de espejo, es decir, una sensación de estar hecho por otra cosa lo que está hecho por un accidente y una suplantación. Un logogrifo (*ibid.*, 92).

> Ramón, todo es reflejo. Es la única intemperancia. Sus irrealidades nunca dañarían si se supieran hacerlas engañosamente nuestra realidad (*ibid.*, 93).

Espejo y reflejo son dos claves de una posición del sujeto que ya no es autónomo y enterizo sino que está hecho desde otra dimensión. Desde el *Je est un autre* que tanto sustento da al nuevo modo de analizar el yo hasta la misma noción de *simulacro* que recorre el siglo XX para indicar el carácter de constructo, de fingimiento (en términos del psicoanálisis de Lacan: de *semblant*[128]).

Selecciono estos dos fragmentos para mostrar el tono altísimo en el que va a moverse su indagación de lo inconsciente, de lo que subyace a la agitación

127 La variedad de puntos de vista sobre los nombres, el aprovechamiento de su polisemia y diversidad es una característica central de Ramón. Dos ejemplos bibliográficos: Carmen Serrano Vázquez: «Función del nombre propio en las greguerías de Ramón Gómez de la Serna» Universidad de Valladolid; y Sergio Constán Valverde «Los Caprichos gastronómicos de Ramón Gómez de la Serna» Universidad de Las Palmas de Gran Canaria sconstan@dfe.ulpgc.es: «Con muchos nombres jugó Ramón Gómez de la Serna en ese inacabable bautizo de sus narraciones breves, aquellas personales formas de microrrelatos que fueron, a través de muchos años, las gollerías, los trampantojos, las variaciones, los disparates, las fantasías...».

128 Traduzco *semblant*, como artificio, artefacto, en el sentido que le da aquí Ramón a su término, subrayando la artificialidad. Nada que ver (no es buena traducción del francés) con el «semblante» que cunde en ciertos círculos lacanistas. Semblante es sin más el rostro o la pinta. *Semblant* es fingimiento, artificio. Véase, si hay humor y tiempo, mi trabajo *Ética de lo inconsciente* Ed. Biblioteca Nueva, el último capítulo sobre las versiones posibles de este término.

del mundo de principio de siglo. A los movimientos de difícil acomodo del sujeto de la cultura del protoconsumo que hemos caracterizado.

La otra veta ya señalada abundantemente es el arraigo en la tradición nietzscheana. Y una de las muestras más vívidas quizá sea la de los fragmentos en que habla de la creación de Dios. El dios que es creado. El pasaje dice así:

> Ramón, funambulería, absurdidad y absurdidad. Un imposible desenfado. No una apostasía sino un sentimiento anterior a la fe y a la apostasía […] Ramón, el defecto de los exorcistas, de aquellas gentes que arrojaban el espíritu malo del cuerpo de los endemoniados es que no echaban el espíritu bueno antes. A los endemoniados hay que comenzar por arrancarles Dios de sus entrañas. Se irá el diablo […] Ramón, peores que los diablos son los dioses. Nacen para crear todas las prohibiciones y para crear el diablo. El diablo es irresponsable. Nació Dios para tener un diablo (*ibid.*, 96).

En el *libro mudo*, que no es desmesurado acercar al sorprendente *Libro del ello*, en el que Groddek hace hablar a lo inconsciente a través del cuerpo, no de las palabras conscientes[129] aparecen tempranas referencias a dos elementos centrales: el descubrimiento del sujeto de lo inconsciente como sujeto sexuado y la interpenetración eros.

Propongo recorrer algunos de los nudos más directamente relacionados con la construcción de ese sujeto no-yo a quien corresponde la enunciación de la escritura del libro. Del escribirse del libro mudo.

El sujeto que escribe –el yo despojado será su primera caracterización– quiere salir, como estamos señalando, de la «hipérbole del yo» (*ibid.*, 34). Y más que una crisis de personalidad o de mudanza por el paso de la juventud a la adultez parece algo más radical: el sujeto con el que se mide Ramón es el sujeto de un momento de época, la que está mudando, con los mismos rasgos que el autor experimenta en sí. Esa voluntad de romper con lo atiborrado de la cultura del momento, que abarca el esplendor y el horror, el mar de fondo que explota en la Gran Guerra, tensa la experiencia de la escritura. En lugar sin señas propias (la gran ciudad que es París), en contexto de soledad (acompañada un tanto por Colombine), en tarea que no tiene más encargo que la avidez por decir de lo imposible algo. Y para ello nada más radical que prescindir de la cabeza: en el prólogo de *Tristan* aparece así formulado con expresión que coincide (y anticipa) el *Acephale* de Bataille. Para ello muestra varios derroteros que, en medio de la profusa prosa del *El libro mudo*, señalan como doce caminos bien definidos. Que no convergen, claro está, que son vías de deriva de la propia asociación para la que el control consciente no tiene ajuste ni lugar.

---

129 Georg Groddek, *El libro del ello*, Taurus, 1985. El autor declara: «Soy de la opinión de que el hombre está animado por lo Desconocido. En él hay un Ello, algo maravilloso que regula todo lo que hace y le sucede. La frase «yo vivo» es solo condicionalmente correcta; expresa un pequeño fenómeno parcial de la verdad fundamental: «El hombre es vivido por el Ello».

A continuación selecciono y gloso, algunos de estos núcleos que me parecen por un lado novedosísimos en este momento y por otro los ordeno como si fueran un proceso de despojamiento y reconstrucción personal. Está claro que la propuesta es mía, parte de mi propia sorpresa. No hay tal progreso ni tal orden en Ramón: iría contra la intención que preconiza. Puede ayudar a leer.

Primero, el borrado de sí

Se trata de un proceso en el que el sujeto que el sentir ilustrado, liberal, democrático, incluso, había colocado en el centro de sus referencias, lleva tiempo ya experimentando descolocaciones, sacudidas. Es el momento ya anunciado en la Viena fin de siglo con la crisis del ego liberal. La gran fortaleza que sucede al Barroco no tarda en verse sometida a vaivenes, que proceden de su interior:

> Necesitaba abandonarme al medio desangrado, desintimizado solo como estúpido, como simulacro, después de haberme evadido / Este libro es una lejanización, una deserción para siempre, para irme donde ya no me encuentren [...] Queda ya no se donde mi maniquí en lo cuotidiano resignado a todos los uniformes y a todas las lepras (*ibid.*,85).

La conversión del sujeto en simulacro, el reconocimiento de lo artefacto que tiene uno mismo es, para mí, la formulación y la experiencia más radical de Ramón, que viene a coincidir con un sentimiento de desarticulación subjetiva que la época ampara. Exhibe un mundo nuevo y desmonta un sujeto tradicional:

> Yo necesitaba desaparecer del otro yo mismo, el de americana, el gobernado, el relacionado, el que ha sufrido todas las enseñanzas, el de malas costumbres, es decir, el de costumbres usuales (*ibid.*,85).

Segundo, la afirmación del otro yo mismo

Para postular ese camino de huida hay que poner el mojón de referencia y este es el yo que se muestra dual: entre un yo civil y otro no expresable, entre el domesticado y el buscador de lo no dicho, de lo que no deja de insistir en decirnos. El refugio de quien escribe es «en lo dentro dentrísimo» lejos de «mi español y de mi ciudadano». Férreo mandato epicúreo de quien precisa huir, darse a la fuga de lo dicho, de lo domesticado, para ingresar en otro lugar sin asidero. Por eso el nombre de RAMÓN, «todo está dicho a Ramón, que es el nombre de mi nombre, la periferia, algo ciego, pero unido a mis en inefabilidad, y por eso dueño de estas inefabilidades» (*ibid.*, 86). Yendo más allá del silencio. Más allá del callar sobre los nombres dichos. Yendo hacia ese terreno *nullius,* que hay en cada uno.

Un otro yo que sobrepasa la posición de interlocución (converso con el hombre/que siempre va conmigo) para preferir una «teoría no de la libertad sino de la arbitrariedad más espantosa y por eso la más inofensiva y reposada». Un deseo personal que no se atreve a ser personal. Acaso porque en cuanto el decir se formula en lo dicho queda atado quien enuncia en la enunciación. Esta es la tensión y la postulación de otro lugar del yo.

Tercero, la costumbre como gran adversario

La primera sorpresa para quien sale de sí es que todo está tramado en una malla rígida y apenas visible. Desde los nombres para decir el mundo hasta las palabras que buscan definir exactamente lo que me ocurre. Y la manera de salir es pedir fuertemente holgura: la que sopesa todo lo que es costumbre y lo encuentra frágil en realidad, banal, arbitrario («costumbre es la liturgia, costumbre es el lenguaje… costumbre es el derecho natural»).

Ramón abre una puerta imponente cuando comienza por sospechar de la firmeza de los conceptos. «Presumo que hay un gran virginidad, un gran absurdo dentro de todos los conceptos [...] por eso amo más que nada los absurdos» (*ibid.*, 90). Antes de que los conceptos y las palabras queden atados, o incluso después de vernos nosotros mismo domados por su uso y cristalización como esferas de la realidad incuestionables, Ramón predica el absurdo frente a la costumbre. La convencionalidad que pretende sumar a los individuos aislados, solos, ha de ser recorrida de modo que se haga reversible, que no ate, que no prenda que permita la fuga, la huida o, mejor, la descolocación que es la vida.

Repito su enunciación mayor, en la que recomienda de modo decidido funambulería, absurdidad y absurdidad:

> Ramón, para no dejarse dogmatizar, para arrancarse al imperio de las bellezas hay que desvalijar las cosas, englutírselas, volverlas del revés, desvariarlas, desertar de todo, descalabrarlas, no sentir una gran abstinencia, desinteresarse con grandeza. No con el interés usual, que está interesado en su pusilanimidad, que lo desea desdeñándolo: Porque el desdén es un deseo invertido, un deseo torpe. (*ibid.*, 95).

Resulta llamativo, de nuevo, el modo de situarse el joven Ramón para negar lo suyo íntimo, para tomar distancia de lo propio común y exterior. Ese desinterés con grandeza, ese desdén encierra una vía que se abre por entre las posturas más aparentemente rompedoras: es comprobar la sutileza del deseo como motor de la búsqueda y de la vida.

La costumbre es adversario, pero no pide rotura y tarachunda: pide la vía que reconoce que dios y le diablo se necesitan, que Dios es construido (*esta clara metempsícosis de todas las cosas, y así se ve como el Dios creado tiene todos los estigmas. Tiene una enfermedad hereditaria. Le hicieron a él, que venía a imponerles su semejanza, a su imagen un semejanza* (ibid., 96)). El entramado teológico que sostiene la mera realidad, la costumbre y la rutina de lo hecho. Es lo que Nietzsche apuntaba cuando sugería por boca de Zaratustra que la realidad se sostiene en la gramática, en la red que define y hace que surja la creencia en Dios.

La inversión a la que invita Ramón es más radical y cuidadosa: no es meramente anárquica, por más que sea la posición anarquista la que más le tienta en muchos momentos de su vida, aun en medio de su escoramiento a una vida más conservadora, es decir, más temerosa:

En el anarquismo hay aún todo el misticismo, todo el lirismo, toda la algarabía que creó a Dios, todo el deseo fastuoso y baldío. Es la misma avaricia que ha mirado al cielo, que ahora mira a la tierra... Hay en el anarquista el mismo sentimental, el mismo hombre sombrío que en el cristianismo... Es una perversión del cristianismo... Ramón, verdaderamente hay que ser muy frugal. Solo teniendo la frugalidad como proporción, no como sacrificio, se puede ser franco y libertino (*ibid.*, 98).

Como vemos hay una contención y un extremo que prepara para el sostenimiento de una vida que se empeña en vivir contra toda costumbre.

Decía Barthes en algún lugar de su autobiografía, que el lenguaje produce, libera, lanza al mundo signos, señales vagarosas que en cuanto circulan van endureciéndose como pasa con el agua al ir haciéndose hielo. Los signos prenden, agarran: es difícil verlos desde sus bordes, aquellas líneas como de Moebius que permiten darles la vuelta, abrirlos.

Cuarto, las palabras como simulacros

Ese endurecimiento del mundo y de su lenguaje, reclama urgencia en la atención:

Ramón, en el bosque estoy con todas las palabras y todos los libros, y no con sus esquemas ni sus vaciados en que se amplifican y se inorganizan las palabras y los libros, es decir los significados que allí pesan y entristecen por su inercia y su excision del gran todo, por lo simulacro que son. (*ibid.*, 102).

Los discursos que se van fraguando y cuajan como nombres propios e indudables de la cosas son en realidad el resultado de los especialistas. Estos entienden que su lenguaje específico tiene la característica de ser natural y no tanto el simulacro que en realidad compone.

La invitación a sopesar no solo las cosas del mundo sino también las líneas que traza el propio sujeto que lo conoce y lo habita alcanza principalmente al lenguaje. Más bien debiera decir al *discurso* que organiza y establece los campos de la realidad. La mayor lucidez de Ramón está aquí en reconocer el valor de simulacro que el lenguaje tiene, que los discursos encabalgan y depositan como las hileras de tejas en un tejado. Y la razón es precisamente la mayor afirmación de que lo que nos urge conocer, de que donde nos corre prisa situarnos es precisamente en ese «gran todo». Conocer la abertura radical del mundo y del sujeto es el mandamiento mayor de este libro mudo, que calla para poder advertir mejor el lenguaje trabado y suelto que nos constituye.

Vemos cómo refuerza la consigna de sopesar la verdad de las palabras, su carácter de artefacto:

Esto es lo que no coje (sic)[130] en la cabeza de los especialistas. Que su especialidad de nada sirve si no es para quemarla después, para

---

130 Sobre los solecismos y madrileñismos de Ramón hay reflexiones y notas de él mismo, en las que afirma que opta por ser laísta, pese a la incorrección ante la Academia. Ese uso de «coger» resulta especialmente vulgar pero se tiene de pie, tal vez por el tono displicente de la crítica que con él aparece.

indignificarla, para olvidar. Es el simulacro con el que quieren hacer absoluto su simulacro. Quieren duramente remachar como un grillete lo que es una libertad y una cosa servicial, pedicura… Se les sube a la cabeza todo lo que deberá estar a los pies… Hacen más que accidental y desembarazable, todo lo que solo es accidental, menestral y va a crear solo una gran desenvoltura (*ibid.*, 102).

El costumbrismo desenvuelto: he ahí uno de los enemigos principales de Ramón. Ya hemos visto su alcance ambiguo al hablar de bazar en la primera parte. Ahora se trata de la fundamentación de un sujeto reflexivo pero no atado por la gramática (Nietzsche), es decir, por la organización del mundo en campos semánticos, en discursos cerrados, isotópicos. Frente a ello no está la gravedad ni el delirio, sino una escritura que se piensa a sí misma, comenzando por su anclaje en el cuerpo singular de cada uno. Y su textura, su ley interior es la fuga, la asociación, la ida por los caminos de la nueva palabra que aún no tiene asiento en nuestro vocabulario. Manteniéndose lejos de los dos extremos que son en realidad dos crestas de una misma montaña (la solemnidad y la admiración: la mala vida y el instinto de carnicería, traduce, seco, Ramón).

El reverso de esa domesticación de costumbres, de discursos, sería una actitud menos convulsa, menos belicosa. Ramón, para argumentarla, echa mano de la herencia de Nietzsche. Ramón, cuidado con el altruismo y las ideas altruistas («ese espectáculo desprendido y bonachón, lleno de transigencia y de buenos oficios») que:

Apartan de la naturaleza, enseñan la renunciación en otros sentidos, festejan esa gran apatía, esa gran cordura que enseñan la moral de las muchedumbres, enseñan la gratitud que es el principio de la excepciones, de las suaves palabras, del fracaso del destino… (*ibid.*, 105).

La postura de quien escribe para decir el envés del sujeto y del mundo es parecida a la del *flâneur*, la figura del que lo ha eludido todo. Solo desde esa distancia de quien está en el paseo (en la verbena, en la plaza de toros, en el congreso, en todos los ambientes que se viven castizamente) oteando otro escenario interior, irreductible, seguramente intraducible, pero que invita a la claridad, a la intransigencia con lo que no sea sospecha, es posible seguir creando este libro mudo. El que engendra nuevas piedras filosofales, no duraderas, pero imprescindibles.

Quinto, contra el dominio de los gestos
«Y no hay que tener gesto ninguno… El gesto es una represión (*ibid.*, 109)».

Esta afirmación merodea otra orteguiana, un poco posterior, según creo, en la que Ortega respondiendo a una entrevista del *ABC*, de 1930, afirma que el estilo de vida, el estilo es un *acento*.

En esta época de redefinición de la categorías del sujeto, en la que los sistemas de clases sociales están mudando (sin llegar a desaparecer, como tampoco –pese a los negadores autoritarios– en el presente han desparecido), brotan categorías que pretenden asegurar la percepción y comunicación de lo nuevo del sujeto. Así, *carácter*, *fisonomía*, *personalidad*, brotan como para ofrecer sistemas de clasificación de lo nuevo; todas ellas tratan de captar lo peculiar: frente a la quiebra de los universales de la cultura del fin de siglo, surgen formas de vida que están pidiendo categorías en las que decirse. Estas que acabo de enunciar son resultado de un tanteo y una apuesta. Quedan nombrando lo nuevo y peculiar. Eso es lo más importante. Otras categorías habrá que pretenden cerrar las comisuras y pliegues en conceptos no universales sino *naturales*: *raza*, *patria*, *nación* (antes de la Primera Guerra Mundial). La descripción crítica de Ramón la emprende con una palabra nueva y cargada de modernismo: el *gesto*.

Frente a la clasificación blanda en apariencia, el gesto, dice Ramón, depende de aquella virtud fatal que endurece y ahorma la vida en toda costumbre.

Ramón diagnostica –eso lo veremos luego con su mirada clínica en *El doctor inverosímil*– la situación de la esfera del sujeto como dependencia de la cultura de masas, innegable, indudable[131]. Ese espacio más cercano al cuerpo, el rostro, queda expuesto en la tipología y dinámica de los gestos, a un canon que impide la libertad personal, la expresión de sí.

El modo genérico que Ramón pone a la vista, de forma muy didáctica, es la de anomalía de quien vive en los márgenes. Esa mayoría marginada (que dirá mucho más tarde Franco Basaglia) es la que produce la última emoción refleja que nos invade a todos: el sentimiento de Sísifo de las multitudes. Ramón actúa para que desparezca por inútil. Pero nos resulta difícil escapar a todos (fugados como de un hospital de San Juan de Dios), porque todos estamos «dañados de creencias, de políticas y de lirismo»… Para salir de aquí hay que descomponer el gesto:

> Porque el gesto es una cosa fragmentaria, es la ruptura de la unidad del rostro… Una creencia redomada que si anima un aspecto o un visaje, deprime muchas cosas, y lo otro de las facciones… Si toda la naturaleza y todo el pensamiento junto y toda la intimidad conseguida animaran el gesto, el gesto no se vería, no se notaría y daría la sensación de facilidad que dan algunos hombres ecuánimes y absurdos… (*ibid.*, 120).

Sexto, descreer de las formas

En el proceso de reconstruir lo esencial del sujeto, Ramón llega a someter a criba epistémica, no solo el peso específico de los modos del cuerpo civil, los gestos, su apariencia, su aparentar: de modo más radical se mete con las formas. Por su carácter de aparentemente inevitables y de bloqueadoras de la manifestación de lo nuevo, lo dudoso, lo incierto:

131   No queda más remedio que al menos aludir a su contemporaneidad sabida con los trabajos de Freud, *Psicoanálisis de masas y Análisis del yo*, de Le Bon, Durkheim y Tönnies (entre la afirmación de la sociabilidad en la socialidad compleja y la añoranza de la comunidad reprimida). *Vid.* mi *El síntoma Comunitario*.

Ramón, se perderían sin formas. Las han hecho autoridad y no sabrían ahora irrrogársela ellos Permanecerían ya siempre desautorizados, sin substitutivos, sin atreverse, sin iniciarse, pusilánimes, desnutridos... ¡Pobres descabezados! (*ibid.*, 127).

Otra vez la imagen del descabezado, como emblema de un sujeto que ha de atravesar la multiplicidad barroca de lo que hay, la superabundancia de las formas, para poder crear un modo propio. En un momento de severa afirmación de los formalismos, Ramón afirma que estas vuelven del revés, son androginismos que neutralizan mucha vida y mucha intimidad. El reparto, podemos decir, de lo que hay en diversos territorios, y de la intimidad en espacios acotados e inconexos, hace de las formas un fenómeno especialmente arduo, pese a su liviandad estética.

Las formas son corruptas, porque no permiten el fluir de la vida de cada uno: «el misticismo de las formas, distrae, dispersa, irradia sobre ellas, desangra, desalma, arquitecturiza, desgarra, inorganiza, ahila, desmaya muchas fuerzas...»:

Las formas solo crean una tentativa sin objeto... deben ser una cosa desinteresada, sin esa factura atrabiliaria del misticismo artístico, tan perdidas en la luz como en la sombra [...] Ramón, es inefable, debemos besar la tierra de nuevo y levantarnos con los labios llenos de arena como los niños cuando se caen cuan largos son... Debemos besarla ante esa claridad absurda, entre tanto cinismo y tanta desatención (*ibid.*, 130).

Es un clamor en apariencia desajustado, desproporcionado, porque el objeto que pretende remover es la urdimbre misma del mundo que vive ese nuevo sujeto. Pero en realidad es un toque potente de atención ante el refugio confortable e insípido de las formas estéticas, de las pautas, de los edificios físicos y mentales.

Si el espacio de nuestro universo cotidiano se somete a criba radical, no extraña que se ponga en cuestión la misma noción del tiempo que habitamos cada cual y que nos constituye.

Séptimo, reconocer el instante

Ramón ya ha empezado a alterar el orden de los tiempos cuando mira la vida desde otro lado, la cotidianidad desde su otra cara que es la extrañeza. Aquella cualidad que Freud consagró con el nombre alemán de *Unheimlich*, y que a fuerza de traducir como «siniestro» tal vez se pierde su primer sentido: lo inhóspito. Es decir, cuando lo acogedor y sabido de la vida de todos los días parece entrar en un hoyo vertiginoso que no anula lo familiar, hospitalario, sino que lo muestra a otra luz descomunal (tal vez cuadre la expresión de «lo real» en este caso):

La noche, mejor que la perversión. Huir del aquelarre, donde los tópicos y los lugares comunes atan de pies y manos y hacen asentir [...] Ramón, estoy en mi segunda manifestación de anfibio, la progresiva, la que ha de quedar... la noche es la mejor hora para pensar en el sol, para verle...

El alrededor no le deja ver, crea la publicidad, la sociabilidad y ellas ocultan el sol... (*ibid.*, 136).

Esta afirmación de alguien que sospecha que la otra cara de vida cotidiana permite una fecundidad que no se deja domesticar por el productivismo fabril, que todo lo va invadiendo, es central. El sol, lo diurno, la lógica de la rentabilidad, es «una cosa colectiva y de mal gusto». Eso es lo que hace que entre los humanos no haya propiamente cosas, ni disfrute de ellas, hay noticias de ellas, «atestados sobre las cosas». Los seres humanos son indirectos todos. Y lo que lo permite es la legalidad que consagra ese vivir de segunda mano:

Ramón, y sobre todo está la legalidad que consagra los atestados. La legalidad está hecha del plebiscito. Y el plebiscito ha sido una ansiedad del orden y la lógica, temiendo cultivar el desdén y el absurdo. Son más que nada ciudadanos, entre los que los más insurgentes quieren no abandonar el atestado, sino transformarlo (*ibid.*, 139).

Esta radical afirmación del sujeto singular y de su vocación de vivir el presente, de llenarlo con una mirada que no sea común, le lleva a otra afirmación sobre el instante:

Ramón, no queda más que el instante que comienza... que no comienza, que prosigue... El día que pasó ¡El día que pasó! No complicar la existencia... El mundo se asume en el instante. Y si no se asumiera no se notaría, no se sabría que había dejado de asumirse. Todo lo otro, todo lo más estupendo, lo más macabro, estaba hecho para que lo asumiera, pero no para establecer primacías y diferencias. Toda la categoría está en este instante de asumir, perfectamente analógico... Lo demás es horario que se achica, que desorganiza, que correlaciona, que reparte, que debilita... (*ibid.*, 142).

Mi comentario se acerca aquí a la sorpresa de una vecindad aparentemente inesperada. La de Simmel y su teoría de la moda. No sé si hay proximidad con la obra de Simmel, *Filosofía de la moda*, pese al contacto amistoso con Ortega, que fue su alumno durante un tiempo en Alemania. Este texto de Ramón es de 1911, aún no está en pie la *Revista de Occidente*... Pero llama la atención la reflexión sobre el tiempo que por entonces Georg Simmel hacía:

El predominio que la moda adquiere en la cultura actual –penetrando en territorios hasta ahora intactos, y en los ya poseídos intensificándose, es decir intensificando el tempo de su variación– es puramente concreción de un rasgo psicológico propio a nuestra edad. Nuestra rítmica interna exige que el cambio de las impresiones se verifique en períodos cada vez más cortos. O, dicho de otro modo: el acento de cada estímulo o placer se transfiere de su centro sustancial a su comienzo o su término. Comienza esto a vislumbrarse en los síntomas más nimios; por ejemplo en la sustitución, cada vez más generalizada, de los cigarros por los cigarrillos; se revela en la manía de viajar que sacude la vida del año en el mayor número posible de períodos breves, con la acentuación de las despedidas y los recibimientos. Es específico de la vida moderna un *tempo impaciente*, el cual indica, no solo el ansia de rápida mutación en los contenidos cualitativos de la vida, sino el vigor cobrado por el atractivo formal de cuanto es límite, del comienzo y del fin, del llegar y del irse. El caso más compendioso de este linaje es la moda, que, por su juego entre la tendencia a una expansión total y el aniquilamiento de su propio sentido que esta expansión acarrea, adquiere el atractivo peculiar de los límites y extremos, el atractivo de un comienzo y un fin simultáneos, de la novedad y, al mismo tiempo, de la caducidad[132].

Aunque se trata de una consideración del tiempo de la moda como integrante principal del estilo del comienzo de siglo, Ramón reflexiona, canta, mejor dicho, el instante como vivencia mayor: «acabo de nacer y acabo de morir» es como una aleluya que repite cuatro veces en el texto. La fractura del tiempo de la historia, del progreso, queda a su alcance desde la pura vivencia de la escritura. Que es una experiencia del cuerpo.

Octavo, atravesar la fragilidad

Asemeja a la confesión de que las tareas que va describiendo, los recovecos del mundo que se le ofrece, no piden un sujeto robusto y dominador.

Hay unos fragmentos que evocan los interiores románticos («mareo como de un puro interminable, mareo de esta vida […] la flores del búcaro sin olor o con un olor inverosímil […] mareo como de magnolias encerradas en esta habitación») (*ibid.*, 161) y que abren a estampas del mundo circundante cargado de «libidinosidad».

El jaleo urbano, la aglomeración, lo masivo de las costumbres y de los deseos, todo contribuye a un descentramiento radical que Ramón narra con muchos detalles diríamos que psicalípticos... vistos como desde un estado de postración «tarde de San Juan de Dios», tarde de sentimiento hospitalario y de convalecencia. La variedad hirsuta esta dicha así:

> Ramón, tarde en que se recuerda a ese flaco con el cuello largo y ridículo sombrero sobre la nariz y la coronilla, y ese cura prognato y todos los prognatos y los miserables, y todos los *fashionables* de la ciudad... Esos que sin querer se han quedado en uno de pasar por las calles hace veinte años... Aquel de los dientes fuera junto a la tapia ocre del cuartel, en la hilera de los hampones a la hora del rancho... Esa con las pestañas pintadas, mareante como una magnolia en una habitación, por falta de espacio, de extensión, por ser demasiado de la ciudad y de sus calles, porque sé en qué obsesiones está cerrada, y como toda ella es sexo... (*ibid.*, 161).

132 Georg Simmel, «Filosofía de la moda» en *Cultura femenina y otros ensayos*, Madrid: Ed. Alba, 2000. El original es de 1905. Podría funcionar aquí lo que nuestra maestra Nelly Schnaith llama «indicios convergentes»: la similitud de expresiones en autores distantes pero de la misma época.

Estos párrafos narrados en un estado como de delirio son la manifestación del riesgo de la aventura solitaria del sujeto que escribe y que vive. Esa fragilidad operante que expone al sujeto: «este microbio que va en uno es como el microbio del sueño, un microbio que no está en la circulación, sino que es más irreductible, porque es intercelular». Lo que marea, lo que atenta contra la construcción cuidadosa de esa intimidad que Ramón proclama es precisamente «el cuotidianismo este, con estas palabras y estas razones usuales». Pero la vía de salida es la recuperación de su estado de absurdo, no negar el delirio, no negar lo inabarcable, lo ignoto del sujeto: «el absurdo todo lo aplaca… Si no tuviéramos el absurdo sufriríamos demasiado de mediocridad, de respeto y de vanos temores».

La voluntad serena de seguir saliendo de lo rígido, es la que da la posibilidad de asumir la propia fragilidad, el sentimiento de «mareo». La gran afirmación ramoniana es: «se puede vivir sin marco».

Y de remate, otra metáfora que evoca otra orteguiana: la del nadar como emblema de la vida:

> Ramón, como de todos los mareos se sale un poco pálido, ganoso de paseo, y de entrar en ese nimbo sin cosas arduas, ni anonadadoras y lamentables historias humanas, en que se desvanece uno en una aplicada labor de revelación, en una revelación muda, que es como el lanzarse de la ingravidez en la gravitación… Alfo sin fábula y sin símbolo. A nado, a nado sin bracear, con esa repentina suavidad del pez (*ibid.*, 166).

Noveno, cuidar las heridas

Hacia el final de libro hay secuencias arrebatadas donde Ramón encadena una experiencia real o imaginada de haber sido herido en un muslo por arma blanca De ahí arranca a una fantasía delirante sobre qué tipo de herida, de cuchillada, le conviene mejor a cada parte del cuerpo… y qué se hace con la cicatriz:

> Ramón, no se recuerda otra sensación más excesiva, ni más ingenua…
> Fue un momento de éxtasis puro, de misticismo uteral o fálico, una entraña limpia, prieta, bermeja, con sangre buena y corriente (*ibid.*, 206).

Para saber esto ha necesitado de esa herida en el muslo… «Y no supimos todo el placer, no lo trasmontamos porque la herida no fue mortal, sino adolescente… El corazón de la Virgen de las Angustias con sus siete puñales es un corazón horadado de placer y no de dolor».

Es imponente el recorrido que va por la llamada tanática del cuerpo, por la elevación en un gozo (no uteral ni fálico) que está en el borde de la experiencia. Tener ese cuerpo recogido, menos por el lugar en el que una cicatriz enseña una puerta a lo vertiginoso.

Décimo, no dar por supuesta a la mujer

Hay numerosas páginas dedicadas a retomar escenas, fragmentos de su experiencia en la relación con las mujeres. Pero quizá no ha llegado aún el momento

–que viene en obras posteriores– en que se atreve a la cercanía máxima en la escritura del ser femenino, del cuerpo de una mujer. Por ahora destaca el carácter no posesivo de esa relación:

> Tomaron su rumbo todas las mujeres [...] todas perdidas en la noche, pudiendo venir de todos sitios, pudiendo haber sido todo hasta el remate, justificadas y ciudadanas, santas y vírgenes o pecadoras, todas envueltas en esta sombra andrógina de mujer, menos andrógina que sus vidas hechas en un solo perfil con secretos (*ibid.*, 169).

La experiencia del deseo surge para el varón del desconocimiento del cuerpo femenino, de la intimidad de las mujeres. Ramón destaca que eso es lo que inicia una vía en la que la pulsión primera es una pulsión de conocimiento. El objeto es sexuado, el destinatario del deseo tiene la peculiaridad de su otredad y hermetismo, desde los que se explicarían la mera pulsión posesiva, penetrante y el descubrimiento de que eros contiene a, como su nervio central. En palabras de Ioana Zlotescu –en su prólogo a este *El libro mudo*– Ramón se convierte «en el creador de la mujer y vuelve con ella a los tiempos de antes de los tiempos, al momento inmediatamente posterior al andrógino primordial»[133].

Undécimo, descreer de El libro mudo

Silverio Lanza, el amigo y protector, décadas después, apostilla en su epílogo:

> No queremos escribir libros mudos que necesiten de hermeneusis y de epigrafía para revelar los quejidos de las almas superiores. Queremos gobernarnos y gobernaros, y, si lo hacemos tan mal como vosotros, será entre risas y no entre sangre, y si fuese triste que por nuestra culpa cantasen los frailes la jota aragonesa, es más triste que les queméis los conventos... (*ibid.*, 268).

El repaso apasionado de Silverio Lanza tiene como meta sopesar un tiempo más tarde los ecos de aquel incendio que se anunciaba en *El libro mudo*. El aviso del conservadurismo triunfante y la desacreditación de lo joven como rasgos de la cultura que viene:

> Ya ve el Sr. Gómez de la Serna que conozco los secretos de su admirable libro mudo, que agradezco el depósito que me confía y que lo guardaré cuidadosamente hasta que lo haga innecesario la libertad de la palabra humana (*ibid.*, 278).

Duodécimo, sostener el silencio

Radical pretensión que sintetiza perfectamente la temprana apuesta de Ramón. Y nos quedaría un nudo más, que enuncio a partir del epílogo que le dedica Juan Ramón Jiménez. Porque, además de la intención libertaria, Juan Ramón le retrata magníficamente en su pulso interior mismo:

---

133 Introducción a *El libro mudo*, p. 61, recogido por José María Antón Martin, *La educación del deseo*, Salamanca: Editorial San Esteban, p. 121.

Le quisiera decir estas palabras en secreto. Solo en secreto nos entenderíamos. Porque surgen tantas cosas incoherentes de esa soledad de ese desierto de palabras de su libro ¡Es de una mímica tan reveladora, tan comprensible, tan inexpresable! (*ibid.*, 279).

[los pintores del *Jugendstyle*, o los impresionistas como Manet] vieron una realidad sensualizada, tienen una inquietud descontentadiza de lo real, que amontona fantasías y lirismos tentadores, como en un universo extraño, vivido ya por presentido solamente, pero que existe sin duda, en alguna parte. Es como una vida en que lo normal fuese el sueño y la vigilia fuese el reposo (*ibid.*, 280).

Las cosas, dice el poeta, se piensan solas, los poetas son testigos de ese fenómeno. Testigos y oyentes, como observa en Ramón: «*El libro mudo* es cual un mundo en formación; gérmenes de todo, hay en él como un caleidoscopio que no fuera de cristal sino solo de luz [...] todo en peregrinación hacia la unidad...».

Otra vez el trasfondo de una creencia que no podemos llamar panteísta, quizá mejor *panenteísta* porque el anhelo profundo, más allá de las palabras, es captar todo en uno.

Donde el ideal de despojamiento que Ramón inicia y recorre en esta obra, apunta a una afirmación de la posibilidad de un mundo visto y dicho de otro modo. Desmontadas las retóricas, anuladas las culpas, abiertas la afirmaciones que se saben efímeras y ricas. Esa es la utopía del joven Ramón. En ella sueña al sujeto de los nuevos tiempos.

La enfermedad llamada hombre

En el proceso de indagación y depuración que la prosa ramoniana continúa desarrollando, nos encontramos con otro modo de atender a las anomalías de la sociedad de principio de siglo, la que se ve abocada a la Gran Guerra, sin acabar de dejar a un lado el esplendor de los primeros grandes almacenes, las exposiciones universales –y sus remedos a pequeña escala, como hemos visto en la de la Industria de Madrid– y, en general, el mundo de nuevas posibilidades de vida que se abre como espectáculo.

El sujeto que vive ese mundo es un ser inquieto, ávido, que se guía por la imagen de una oferta insospechada, que supera la realidad empírica de los mercados. Lo llamativo es cómo, desde la menestralidad del rastro madrileño, se pueden desear los fastos de la moda de Paris, o de Nueva York. Pero ya es sabido que basta con que en un modesto núcleo urbano se reciban dos o tres ejemplares de una revista de modas parisina para que la pulsión escópica se desencadene, más allá de las posibilidades adquisitivas y de los propios *stocks* de mercado local.

El sujeto del bazar es anómalo también, está dividido entre su realidad y su deseo. Y, en esa puja, el segundo lleva a la primera por derroteros impensados. Como los estudiosos del fenómeno en Europa (Krakauer, Benjamin, entre otros) señalan, el nuevo mundo del mercado viene poblado de nuevas maneras de vivir en él: maneras que por su tensión interna producen nuevos síntomas. La agorafobia, o la claustrofobia, son patologías que tratan de hacer componendas con un mundo de escenarios metropolitanos y de masas incontables. La relación con el propio cuerpo que expresa la histeria o la neurosis (la neurastenia, del momento) están indicándonos un sujeto dividido entre el mandato de producir, prever y ahorrar y el de –por qué no– disfrutar de lo nuevo, pedirlo, incluso exigirlo.

El doctor inverosímil tiene mucho del nuevo ambiente patológico y terapéutico con el Ramón se enfrenta. La conciencia de fragilidad ante las nuevas enfermedades se ve reflejada en esa figura estrafalaria y agudísima del doctor que sabe mirar de otra manera y poner el oído como nunca antes. No se trata de una colección de chascarrillos más o menos agudos en los que se aprovecha la novedad de la etiología para colar delirios y bichos raros.

Se trata más bien, esto es lo realmente interesante, de una reflexión sobre la condición humana. Mudable como lo son las fuerzas patógenas que lo acechan. Norman Brown en su célebre trabajo sobre *Eros y Tánatos*[134] es quien acuña la certera expresión «la enfermedad llamada hombre», para centrarse en la inevitable condición anómala de los sujetos, especialmente los del cabo de siglo. Ramón suscribe esta tesis, más aún la inventa con todo desparpajo y con la apariencia de urdir una fábula ligera que tratase de instruir deleitando. Por debajo de las variaciones, está la evidencia de una sociedad que cae en la depresión y en la amargura, al tiempo que se yergue autoritaria y autosatisfecha por los conquistas, como Freud etiqueta con precisión en su *Malestar en la cultura*. Pero el logro mayor de Ramón, a mi entender, radica en la cotidianeidad de las señales y de los ambientes de las nuevas enfermedades. Y, además, de la aparición de un nuevo personaje que ya había hecho acto de presencia en textos anteriores. Me refiero a lo inconsciente como plano inaccesible pero realmente causante, como otra escena a la que no se domina, de todos los males. Distorsionados, raros, extravagantes, así son los modos de manifestarse los hábitos y los estilos de vida de los habitantes del primer tercio de siglo.

Los síntomas y su mobiliario

El síntoma es una solución de compromiso –dice Freud a su amigo Fliess– entre una realidad observable, repetible, dañina y otra que no sabemos cómo ni dónde está, que es la realidad reprimida.

Lo asombroso de la mirada clínica sobre el sujeto moderno que Ramón elabora en este libro principalmente, es que los síntomas son materiales, son mobiliarios, vestimenta, modos y costumbres. No son protuberancias de un organismo potencialmente dañado sino objetos cotidianos, espacios y tiempos domésticos, manías y delirios de pequeña escala que salpican la realidad más cercana y convencional. Lo inconsciente (es decir el carácter impremeditado e involuntario con el que el síntoma se instaura) está fuera, a la vista. Circula entre los tranvías de Pessoa que van al Chiado, el jardín por el que no pasea Walter Benjamin y las calles de la moda por las que Simmel procura no ser muy visto. Por eso la mirada ramoniana que se fija en detalles, aparentemente sin sentido o con explicación confusa, permite nombrar como síntomas a los cierres y claves de estos casos del doctor inverosímil. Que lo es porque no aplica un saber codificado –por más que Ramón reúne una gran profusión de datos y etiologías correctas para descartarlas luego en aras de un diagnóstico certero, original– más bien, como hace el psicoanálisis, saca de los mismos hechos su teoría. Ese es el doble sentido de síntoma: explicar y aplicar, traer la lógica oculta a superficie y aplicar un remedio acorde

134   Norman Brown, *Eros y Tánatos*, Fondo de Cultura Económica, 1970.

con la novedosa manera de mirar. Esa es la otra cara de la inverosimilitud: no es lógica, no es frecuente esa manera de encararse con la enfermedad.

Tampoco lo es el tipo de dolencias que se acumulan y que, como hemos dicho, son el resultado de un entramado de hechos, espacios, tiempos, ritmos nuevos: los que trae consigo la modernidad que va pasando de la industrialización a las primeras formas del consumo conspicuo[135]. Más allá del costumbrismo inherente a muchos de los casos narrados, lo que aquí resalta y constituye, a mi entender, su máxima originalidad es la intención de un diagnóstico de época: cuáles son las nuevas condiciones (anómalas, contradictorias) del sujeto de este momento, más allá de sus intenciones manifiestas, más allá de los estilos de vida que va dejando atrás, movido por la que Simmel llama, en su *Filosofía de la moda*, una nueva «rítmica interna».

En el prólogo a *El doctor inverosímil*, de 1925, Jean Cassou –especie de alma gemela de Ramón y uno de los principales valedores de su triunfo en Francia– destaca el carácter pionero de la mirada de Ramón: «se adelanta a la mitología nueva y patética de Freud». La expresión resulta de sumo interés porque la relación entre escucha de lo inconsciente y formación de nuevos mitos tiene una sólida tradición en el contexto del nacimiento del psicoanálisis. No es solo que Lévi-Strauss halaga a Freud diciendo que su interpretación del Edipo es la última variante de este mito mismo. Hay, además, una atención fina al proceso de la interpretación de lo sintomático, de lo que no tiene aún nombre, o de lo que no se deja encerrar en los tópicos de la cultura tradicional. Que el deseo en su centro tiene un carácter sexual (no solo genital, como parece resolver el joven Ramón, que, curiosamente luego escribe el espectacular mapa de los itinerarios pulsionales llamado *Senos*) es un hallazgo de Ramón que no es solo de época, de clima intelectual y vital: Freud mismo señala muchas veces, con cierta envidia, la capacidad de los escritores de su tiempo –Hofmannsthal, Schnitzler o Karl Kraus, el autor de *Die Fackel*– como los que de golpe ven y muestran claves de laberintos psíquicos que a él le cuesta arduo trabajo demostrar.

La intuición ramoniana es más llamativa: la pulsión erótica, del descubrimiento y la posesión física y de conocimiento, implica la dimensión de muerte, es otro nombre del deseo, la catadura estructural del sujeto inconsciente que al tiempo que pide unión, pide su propia desaparición. Cosa que, entre varios autores de la época, especialmente Georges Bataille destaca en su libro poderoso llamado *El erotismo*.

En el libro joven y brillante que acabamos de recorrer (*El libro mudo*), se prepara esta atención a la otra escena (lo inconsciente) en la vida cotidiana.

---

135   La expresión «consumo conspicuo» es de Thorstein Veblen y define la principal función del consumo (que no es la mera compra), que es la de ser visto, que tiene y cultiva el sujeto, la de mostrar su *status* y su capacidad de emulación (*conspicere*: ser mirado). Thorstein Veblen, *Teoría de la clase ociosa*, Fondo de Cultura Económica, 1980.

El sujeto de lo inconsciente tiene un carácter no de instancia técnica sino de pulsión deseante. El sujeto inconsciente es sujeto del deseo, en un sentido que va más allá de la pura dimensión de la genitalidad, incluyendo las consecuencias existenciales del ser sexuado, su dimensión de eros y de afirmación y de nirvana. En *El libro mudo*, como apuntamos, hay referencias al amor místico, a Teresa de Jesús, que no caen en el reduccionismo supuestamente psiquiátrico, que se empeña en diagnosticar patologías histéricas, allí donde Ramón ve un mito fundacional.

El dardo del éxtasis, el puñal de sílex primigenio y tremendo, son la llamada de atención a la sensualidad que el cuerpo a cuerpo desata con ribetes mortíferos. Su desmesura, su complejidad, engendra una nueva escena, que solo puede contarse con el artefacto grandioso del mito o, mejor, de una nueva alegoría. De la iconografía teresiana a las construcciones freudianas (sin hablar de la gran anticipación al Lacan del Barroco) Ramón –sin pretender hacer doctrina– recorre con perspicacia la proximidad entre deseo carnal y deseo místico: hasta llegar a sugerir su fusión o su confusión. Luego veremos algo más de este punto llamativo. Repito de nuevo la sentencia enigmática, que ahora puede entenderse mejor: «el corazón de la Virgen de las Angustias, con sus siete puñales, es un corazón horadado de placer y no de dolor» (*ibid.*, 208). De igual manera, una de las formulaciones más originales de Ramón en este momento tan temprano, es precisamente lo que llama la atracción de «nonatismo», el deseo de regresión al seno materno. Entendido como destierro, salida, caída, la vida psíquica, la vida erótica, no serán vistas desde el prisma de Ramón sino como la radical atracción, fatal, hacia esa regresión: esa tiene el nombre de *Tánatos*, y es más fuerte que el juego de poseer, conocer, desatar el enigma de eros.

Ese carácter profundamente tanático de Ramón es muy principal para entender toda su ideología en el espacio deseante de la vida, de la ciudad, de las mercancías, de los objetos que se anhelan. Si atendemos un momento a *El doctor inverosímil*, vemos estos rasgos con mayor detalle y precisión.

Habría que comenzar fijándose en el propio mundo que se crea: el de la condición humana, enferma y frágil (en ese sentido retomo «la expresión de la enfermedad llamada hombre», que decía Norman Brown: no es que tengamos síntomas, sino que los síntomas nos constituyen y nos «tienen»). Y el sorprendente hallazgo de que la curación, el trato que sana no está ligado a un rótulo, a un marbete oficial, sino «solo se sabe que vive allí el doctor cuando se le trata». Como si el terapeuta se constituyera en el encuentro con los síntomas (y no antes ni después). Reflexiones de calado si se comparan con los hallazgos que en el campo de la propia terapia se van estableciendo (quien ejerce como terapeuta escucha con su inconsciente, no de forma doctrinal, quien habla como paciente lo hace a tontas y a locas, no premeditadamente).

Se podría decir que equivale a una *Psicopatología de la vida cotidiana*, el libro que Freud publica en 1904[136] y que destila con claridad ese carácter de «cercanía» de lo patológico que, en la forma de síntoma, de lapsus, o de acto fallido amuebla nuestra vida cotidiana y nuestros espacios domésticos y compartidos.

Este libro de *El doctor inverosímil* es una maravillosa colección de síntomas, de casos… y de sus modos de resolución. Por eso propongo tratarlos como síntomas. Señales de dolencias que, muchas de ellas, son resultado de los tiempos modernos, y otras son miradas actuales sobre fenómenos antes inexplicables. Hay una finura de atención a la etiología de las nuevas enfermedades del psiquismo. De la misma manera (es la misma época, no olvidemos) que los analistas de la cultura de la llamada «Viena fin de siglo», señalan los nuevo modos de enfermar. Simmel muestra la descomposición del tiempo sosegado y lineal, que es sustituido por un «tempo» acelerado en todos los espacios de la vida. Krakauer, por detallar de nuevo, destaca la presencia masiva de la agorafobia y la neurastenia, en un contexto en el que las ciudades se han convertido en metrópolis, la vida comprensible en fuente de enigmas.

Dos palabras previas sobre el síntoma pueden ayudarnos en la lectura que propongo de lo inconsciente en Ramón. Podemos partir de la definición freudiana, tan gráfica y sencilla, según la cual el síntoma es «una solución de compromiso» (carta a Fliess)[137]. Solución de compromiso, o apaño, entre el elemento visible –aquí en este libro, los espacios y tiempos de las casas, los muebles, el uso de los objetos de la vida cotidiana– que está hecho de significantes que se repiten, de señales incomprensibles pero que no cesan en su presencia enfermiza, por un lado, y un elemento invisible, que puede ser una escena vivida pero no entendida, que por la represión pasa al olvido. Sigue haciendo de las suyas pero no deja ver su rostro. Esa mezcla entre lo que se ve y lo que se adivina se convierte en el mecanismo narrativo (e ideológico) con el que Ramón nombra la mezcla y la distancia entre el síntoma y su sentido. Veremos los ejemplos en los que esta fórmula funciona de manera sorprendente.

La otra palabra es la de ficción orientativa[138]. El síntoma no es solo el híbrido entre lo observable y lo misterioso (que hace sufrir porque no se

---

136   En la biografía de Peter Gay, se cuenta que en el viaje a Estados Unidos con Jung y Ferenzci, Freud percibe que un camarero del restaurante tiene un ejemplar de esta obra: se pone muy contento y reflexiona, con un cierto humor y melancolía, sobre el carácter caprichoso de la circulación de los libros. Su preferido, *La interpretación de los sueños*, en el que ha invertido tantos años de trabajo, alcanza apenas unos 100 ejemplares de venta en diez años…

137   Carta a Fliess de 30 de mayo de 1896: «los síntomas son casi todos formaciones de compromiso. Se puede constatar una diferencia fundamental entre los procesos psíquicos no inhibidos e inhibidos por el pensamiento. En el conflicto entre ambos surgen los síntomas como compromiso, a los que se les abre la vía hacia la conciencia. En las neurosis, cada uno de ambos procesos es correcto en sí mismo, siendo el no inhibido monodeíctico, unilateral, y el resultado del compromiso incorrecto análogo a un error de pensamiento».

138   Si se me permite tomar otro fragmento más de la correspondencia freudiana con Fliess (Carta a Fliess, 2 de mayo de 1897), se ve otra dimensión más y creo yo que más útil aún: «…Ahora observo en conjunto que las tres neurosis, histeria, neurosis obsesiva y paranoia, muestran los mismos elementos

desanuda) es también un enunciado compuesto no necesariamente con palabras (además de la anomalía al hablar –lapsus– o al obrar –acto fallido– está lo que se dice con el cuerpo, con la piel, con los órganos, que insiste pero no se entiende su causa). Esos enunciados nos están diciendo lo que somos y, más aún, cómo podemos ser. Los síntomas son la puerta entreabierta a lo que podemos ser, a lo que en el fondo deseamos.

Compromiso y ficción orientativa son las dos dimensiones que a mi entender, pueden ser reconocidas en ese despliegue –una vez más, costumbrista en la apariencia, innovador en la exploración– de los casos de Ramón, en la escritura en los casos del amigo, el doctor Vivar (nombre superespañol, dice él, para añadir con sorna: pese a no llevar nombre ni ser extranjero miren que pedazo de sabio):

> Ya entran un poco curados en casa del doctor, curados por cómo pone en
> sus miradas un calmante la casa, sus alrededores, esa cosa de punto final y
> de límite que tiene y que él ha buscado a propósito (El doctor inverosímil, 9).

El ojo clínico que tiene este observador de la realidad enfermiza, su mirada que no se distrae con lo evidente, son características que preparan el nudo de la relación que cura: la transferencia. La atribución a quien escucha de una capacidad para conocer e interpretar que el paciente no encuentra. La casa, el espacio, el entorno están dotados de esa capacidad lenitiva que forma el encuentro en este caso inverosímil.

La idea central es que lo que nos rodea nos afecta de tal modo que tal vez no debamos hablar más de nuestra circunstancia, sino de lo que está tejido con nosotros: nuestro contexto. Ramón, cuando va exponiendo, recorriendo, analizando, desatando los síntomas produce dos efectos sorprendentes: (a) nos acostumbra a elegir los síntomas más raros, tal vez apoyándose larvadamente en la intuición de que todo síntoma es raro por naturaleza, (b) el síntoma o la dolencia está hecho de las cosas más triviales, más inmediatas, más banales.

Por ello Ramón no quiere contar los casos del doctor adobándolos con «explicaciones y pinturerías» propias de escritor, sino repetir las mismísimas palabras, breves y escuetas con las que el Doctor Vivar (nombre nada extranjero, señala provocador Ramón) observa, detecta y resuelve.

La desazón o el malestar en la cultura cotidiana, rebozado en nombres como el temible Destino, son la piedra de toque ante la que cada cual tiene que aprender a ejercer una forma de terapia, la posibilidad o la urgencia de una curación. Seguramente esa tarea le está confiada al ello, que sin saber ni poder, es la instancia que primero exhibe los términos del conflicto que causa dolor, el

---

(además de la misma etiología), en concreto fragmentos mnésicos, impulsos (derivados de la rememoración) y ficciones protectoras, pero la irrupción de la conciencia, formación de compromisos, es decir de síntomas, ocurre en ellas en lugares diversos: en la histeria son los recuerdos, en la neurosis obsesiva los impulsos perversos y en la paranoia las ficciones protectoras (fantasía), lo que penetra en la normalidad bajo una formación de compromiso» Véase mi El síntoma comunitario (op. cit.).

anudamiento de señales que no se entienden pero que duelen. Las nuevas dolencias, cuanto más extravagantes, piden un ojo clínico que, de suyo, corrige y completa –llevándolos al terreno del otro– la mirada de quien sufre, paciente o no:

> Al atardecer nos reunimos y nos paseamos por la ciudad buscando los caminos en que la ciudad ni nos atropella ni nos abruma. Muchas veces entramos en un café, porque en los cafés se escabulle y se oculta un rato el Destino, injusto y precario que nos persigue en nuestra casa y en la calle. Si hubiese habido en tiempos de Caín un café discreto y disimulado como estos que nosotros escogemos, se hubiese podido ocultar hasta a la mirada de aquel ojo tan implacable [...] Nos veíamos en uno de esos cafés que siempre serán mi paraíso humorístico (*ibid.*, 20).

La acogida curativa que el café, que cualquier interior ofrece, es uno de los emblemas para entender mejor aquella realidad de la ciudad del consumo[139].

Y antes de entrar en los casos, una palabra sobre el adjetivo *inverosímil*. Pudiera tomarse como puerta del humor, del chiste en su relación con lo no consciente. Son casos que hacen reír o sonreír, o al menos respirar por el hallazgo, al modo en que divierten e ilustran los casos resueltos por Sherlock Holmes. No es lejana la comparación de Sherlock con Peirce[140]. Del mismo modo que la composición severa y arriesgada del doctor Vivar nos lo hace perteneciente a la raza de los mejores sabuesos o... psicoanalistas. Como Freud fue colocado en el papel de investigador de crímenes en el excelente libro *La interpretación del crimen*, en el que Jed Rubenfeld[141] hace una lectura llena de viveza, sigue en realidad la lectura cotidiana de Freud en circunstancia inhóspita e ilusionante.

Su tarea de médico inverosímil (tan inverosímil como el modo de descubrir la otra escena de nuestras vidas) se ve acotada entre dos magnitudes: (a) la imposibilidad de atravesar lo inmenso como la vida y la muerte. El curador aparece en su primera confesión radical: «Yo no acabo de comprender cómo curar a la vida de la muerte, si esta va abrazada a ella de modo indisoluble» (*ibid.*, 11), y (b) la obligatoria atención a lo diminuto, lo banal, lo inapreciable, por ser el lugar en el que circulan las manifestaciones de lo inconsciente:

---

139 Seguramente es excesivo, pero también sintomático, el verso del tango «Cafetín de Buenos Aires»: «sos lo único en el mundo que se pareció a mi vieja». Compuesto por Enrique Santos Discépolo y Mariano Mores.

140 Hay un excelente libro que cruza los itinerarios en el que Sherlock es semiólogo y Peirce es detectivesco, obra de Thomas Sebeock y Joan Sebeock, *Sherlock y Peirce: el método de la investigación*: «Revisando la gran cantidad de ejemplos de diagnóstico médico que aparecen en las historias de Holmes, especialmente enfermedades de corazón y enfermedades tropicales, Maurice Campbell, especialista de corazón, concluye que desde el punto de vista médico, "Watson parece estar excelentemente informado". Es interesante apuntar que mientras Watson sigue con éxito el método lógico de diagnóstico en cuestiones de patología del cuerpo, es singularmente inepto para traspasar este método a la resolución del crimen, y proporciona un ejemplo de alguien que está solo parcialmente versado en lo que Peirce denomina *lógica docens*».

141 Jed Rubenfeld, *La interpretación del asesinato*, Anagrama, 2007. Freud, Jung y Ferenzci se ven metidos en un estruendoso episodio de crímenes en su famosa llegada a Nueva York (1911).

El rostro de Pilar tuvo pequeños tics, imperceptibles electricidades que luchaban con una pereza tremenda y pesada que no la dejaba despertar. Nosotros apreciábamos fijamente lo inapreciable: pequeñas fosforescencias en su frente, pequeños hormigueos en sus mejillas, anuncios de miradas cegadas por los párpados, un sueño confuso en que revivía su imaginación, un movimiento de su garganta como de tragarse algo (*ibid.*, 1).

La intervención del doctor en este primer caso es alegóricamente inmediata: a la moribunda conviene hacerla morir de verdad para que pueda volver a vivir. La herida, la sangre, el contexto de hule en la plaza, todo converge para llamar la atención sobre el punto central: quien cura no pone parches, quiere transformar.

«Aprendí esta ciega confianza en los caminos inexplorados a que me lancé desde entonces». Caminos inexplorados son la quintaesencia del doctor, de quien se enfrenta a los síntomas del mundo, a quien se ve forzado a superar su ciencia («un saber no sabiendo toda ciencia trascendiendo», dirá la mística). La espontaneidad y la buena fe son los nombres que Ramón reserva para quien está dispuesto a jugársela por conocer. El deseo es deseo de saber.

El mundo de los objetos convertidos en síntomas, en señales de un mundo que se despliega delante de nosotros, será el gran motivo de *Lo cursi*, entre otros textos ya presentados, pero aquí en las aventuras del doctor, abundan las referencias a aderezos, vestimentas, adornos, cosas de casa. La pluralidad de piezas como de caparazón que rodean y contienen la vida:

Nuestros guantes toman, cuando se quedan solos y abandonados gestos distintos: gesto de orador, un puro gesto de Demóstenes; gesto de pianista que toca, gesto –cuando caen reunidos por la muñeca y el uno boca arriba y el otro boca abajo– de preso al que llevan esposado al presidio; pero generalmente nos avergüenzan tomando una actitud lastimosa de pedir limosna, sobre todo cuando los ponemos sobre las mesas de los cafés. Los guantes quieren andar, tocar por sí solos, y son manos cercenadas que quieren y no pueden (*ibid.*, 20).

No se trata tanto de animismo. Ni siquiera, como tituló Enrique González Tuñón tan bellamente «el alma de las cosas inanimadas»: se trata de la invención de una forma que engendra un contenido, de una superficie que crea un volumen, de un síntoma que enseña y oculta algo nuevo, desconocido.

En esa situación se reconoce con sorpresas Ramón cuando revisa su obra y, en concreto este doctor inverosímil:

Al releer ahora las pruebas de esta nueva edición de mi libro, lo que me ha hecho verdadero efecto es pensar que en 1914 tuviese el atrevimiento de mis psicoanálisis cuando no las escuchaba ni las había precedido prueba de autoridad alguna (reedición de Losada, 1961).

En la mencionada obra *La educación del deseo* (p. 122) se destaca «un cierto prefreudismo latente captado por el autor». Seguramente no sería tan pre, cuando hay indicios de convivencia con el desarrollo de la clínica y del psicoa-nálisis temprano[142].

Las fórmulas del síntoma

Cada relato, cada historia tiene su lógica. Lo llamativo es que Ramón va di-seminando diferentes modos de abrocharse los dos lados del síntoma. Su-jetos, partes del cuerpo, objetos, y aun sueños son otras tantas fórmulas para analizar (para producir) el síntoma concreto.

El cuerpo troceado

El arraigo corporal de las dolencias traza un mapa de los elementos del cuerpo que se ponen en juego en las nuevas enfermedades, que, muchas veces no se dejan someter a la nomenclatura médica sino que permanecen en una terminología cuasi romántica. Es el primer caso de la mujer que en-ferma, titulado *La revelación* (*ibid.*,11) del que acabo de presentar el primer fragmento, en el que la mujer que enferma gravemente lo está porque no se puede separar la vida de la muerte –primer señalamiento de Ramón de la in-terpenetración de Eros y Tánatos– y el doctor «no veía lo que pudiera ser el golpe de inspiración y la originalidad, la manera radical de corregir la vida» (*ibid.*, 9, 11). Cambiar la vida moribunda por otra que sea vida sin muerte es la lección de este primer caso (el de la deseada Pilar). La moribunda es so-metida a una herida profunda (en una pierna, otra vez el recuerdo del propio Ramón), como se hace con los moribundos, de forma violenta, desespe-rada... El resultado de tan macabra escena es la aparición de una dualidad (amor/odio, posesión/destrucción):

> Se movió un poco la pobre inmóvil y dio un «¡Ay!» lleno de un dolor im-posible, que oímos arrobados, como si hubiese sido un agradecido «¡Ay!» de placer. El, con los brazos cruzados y la lanceta-puñal en la mano, miraba sensualmente la herida viva (*ibid.*, 14).

El resultado, curar de una herida que a su vez ha salvado de la muerte, es como un efecto querido, es el beneficio del síntoma: «Así, ante aquel rasgo audaz que desconcertó toda mi ciencia aprendida en los libros, aprendí esta ciega confianza en los caminos inexplorados a que me lancé desde entonces».

Esa confianza para seguir los indicios no previstos es la clave del nuevo saber sobre el cuerpo y sus anomalías. Seguir la corteza de la letra (fray Luis), lo más mostrenco de una forma, de un cuerpo, de un mueble. El cuerpo tiene sus razones que la etiología no alcanza a detectar.

Una parte selecta para la sintomatología es precisamente la que acom-paña la gestualidad más elemental, por más que no parezca patológica. Entre

---

142   Hay una rica bibliografía acerca del desarrollo de psicoanálisis en España, el que Ramón conoce. Entre sus títulos más cercanos: Antonio Sánchez-Barranco Ruiz, Pablo Sánchez-Barranco Vallejo Francisco Balbuena Rivera, «Una contribución a la historia del psicoanálisis en España», *Apuntes de Psicología*, 2012, Vol. 30 (1-3), pp. 165-174.

las lógicas que Ramón establece para diagnosticar está la de «las partes del cuerpo»; es llamativo el tratamiento y la atención al *hombro*:

> A los enfermos que trato y para ver el grado de apego a la vida, de desdén, de nerviosidad, de lejanas medrosidades y de pesada o leve carga que soportan, no dejo de observarles los gestos que hacen y muy pocas veces les coloco el «Perímetro» (*ibid.*, 107).

La atención, más allá de ese supuesto aparato de calibrar en conjunto, viene por la atenta obervación de los movimientos del hombro: este nos indica si los enfermos están dispuestos a salvarse o no, o qué grado de escepticismo muestran: «los grados de escepticismo que revela el hombro son muchos y así como un buen escepticismo es lo que más salva a la vida y la desinfecta, un escepticismo en último grado, con misantropía unido a él, es origen inevitable de la muerte».

Parte ínfima del cuerpo es un simple grano. La presencia de un granito especial, llamado aquí «*el granito de la muerte*». Un granito insignificante que revela que la hora es *la fija*. En la blanca piel de la mujeres ese grano es como una infamia, porque a veces las agracia y las cae en sitio excepcional que compone con su boca y su sonrisa, el juego de la luna y el lucero que es su *pendentif* (*ibid.*, 108).

<u>Los objetos que te ven</u>

El reflejo de la enfermedad es una característica fundamental de la nueva etiología: ni ocurre solo en un individuo, ni se da sin el concurso de otro, objeto o sujeto, que permite detectar su estructura patológica.

Por eso es interesante comenzar la serie, por el capítulo que Ramón dedica a «Mi caso» (*ibid.*, 44): porque expresa el carácter relacional y proyectivo de toda dolencia. No se enferma solo ni se cura en solitario:

> Entre todas las enfermedades escoge el médico la suya, de la que cree que va a morir seguramente a la que trata en el otro como si la tratara en sí mismo. Yo, doctor inverosímil, también tengo que morir y no podré curar mi enfermedad; me matará por descuido, no me dará tiempo ni lugar a salvarme. Será un constipado sencillo que se complicará con el corazón (*ibid.*, 44).

El síntoma es la falta de solipsismo en el enfermar y en el curar: curarse a sí mismo no se puede sin elegir un espejo (humano o de cristal) que permita hallar lo otro que falta a mi proceso. La extraña certeza que el doctor lleva dentro cuando observa, como cosa propia, los órganos dañados en el otro.

La finura en la mirada radica en no seguir hasta el final la proyección, hasta el final de uno: No quiere asustarme, dice el doctor del sujeto-placebo, aguanta todas esas cosas que siente que se remueven en su fondo, todas las antiguas y pequeñas ranas del constipado que resucitan y los síntomas, atravesamientos y pinchazos con que ella nota que la profundiza el resfriado (*ibid.*, 45): Toda dolencia, implica diversos planos del síntoma y diversos circuitos en su alteración. Esa es la complejidad que el inverosímil detecta en los síntomas de hoy.

«La biblioteca» (*ibid.*, 45) es un relato que resucita el espacio de lo oculto en las señales. Y que pareciera una sencilla recomendación de cautela higiénica:

> Esas apretadas anginas que usted padece, esa sequedad, ese empolvamiento interior en el que siente usted que va siendo enterrado, todo eso procede de este polvo sutil que hay detrás de las librerías. El polvo peor del mundo, el más maligno, el más fino, el que sabe colarse mejor en el alma y ahogarla como una polilla, como una carcoma imposible de extirpar (*ibid.*, 47).

En realidad es un ejemplo de la eficacia metafórica del síntoma: la sequedad no es material, es del alma.

Ese síntoma se convierte en emblema en el texto titulado *La luz amarilla*, en él las luces amarillas y de baja potencia son sinécdoque y a la vez alegoría de la muerte que todo lo amarillea (*ibid.*, 48): En la selección que hace la muerte, elige a los que no se adaptan al imperio de la mucha luz, los que no se defienden de ella. Las campañas publicitarias que acompañan las nuevas exposiciones universales (las que hacen de Paris la *ville lumière*, las innovaciones productivas en España que hacen decir: «ya estamos en Haro, ya se ven las luces», para contar la sustitución de la luz de gas por la luz eléctrica[143]. El modelo luminoso de salud que el médico recomienda con entusiasmo.

Además de los ambientes están los objetos que actúan como reflejos de la intimidad doliente o anómala. *Los lentes* (se convierten en elementos que dispersan con peligro la mirada y el alma:

> Esos lentes son los que le van consumiendo… La mirada es importantísima; muchos derrochan insensatamente sus miradas sin hacerlas volver a su corazón después de haberlas lanzado […] todos los hombres que hacen eso son responsables de su idiotez, de su anemia o de la enfermedad, que después dicen muy tranquilamente que no saben «dónde la han *cogido*» (*ibid.*, 41).

Lentes, espejos, relojes, termómetros (*ibid.*, 41, 109, 113 y 114) son de las principales huellas del sujeto que surge en le sociedad que atraviesa los pasajes comerciales, los nuevos almacenes… y la Gran Guerra. Son huellas personales, demasiado íntimas y cercanas al cuerpo y por ello Ramón las toma con precisión como campos principales de la nueva sintomatología… El doctor inverosímil recomienda drástico:

> Aunque no vean también, use unos lentes menos fuertes, que le chupen menos, y no los lleve puestos… No sé cómo los hombres de lentes creen que siempre deben tener los lentes puestos, cuando hay tan pocas cosas dignas de ser miradas… Póngase los lentes en momentos imprescindibles

143 Desde el 18 de mayo de 1890 se instalan en Haro 250 puntos de luz eléctrica que modifican mágicamente el aire y la vida del lugar riojano.

[...] sus lentes consumen la vida artificialmente, porque no se puede enmendar la naturaleza por una medio tan extraño a ella como son los lentes, que no la corrigen ni la sanan, que no son asimilables, que siempre son extraños y enemigos de ella, que la violentan y la apuran (*ibid.*,42).

Notemos que es la misma sospecha ante los objetos nuevos, de consumo amplio, casi masivo, que tiene por una parte Simmel, en sus reflexiones sobre el cabo de siglo («el teléfono no hace por sí mismo más interesantes las conversaciones»)[144]. O la mirada de sospecha radical que Sigmund Freud arroja sobre los elementos de la cultura moderna: en *El malestar en la cultura*, la cultura aparece como una gran prótesis, que ayuda, pero corrige y distorsiona la misma posición del sujeto. No le sienta bien el repertorio de elementos técnicos al sujeto moderno[145]. La gran paradoja es que seguramente no se puede, ni de deba, volver atrás, a un momento preindustrial (ni siquiera la terrible destrucción de la Gran Guerra supone un olvido de esa cultura del «dios con prótesis», es la expresión de Freud). Pero a esta cultura le conviene no un canto desaforado e irreflexivo a las innovaciones tecnológicas, sino atender a sus efectos en el sujeto, reparar en su naturaleza patógena.

Lo llamativo de este recorrido es que el síntoma se forma entre el canto de lo novedoso y la añoranza de lo genuino, de lo más cercano a lo natural, por más que dictaminarlo sea difícil. Como vimos en el *Libro mudo*, Ramón sigue sosteniendo la reivindicación de un ideal de salud y de vida buena que se sale de todo el aparato normativo y coercitivo que lo trae la novedad impuesta (la moda) y también la censura de aquel mundo no costumbristamente sostenido, sino que se basa en la verdad, la sinceridad y un cierto desapego del ruido y la prisa.

Recogerse en sí, sin confundir la depuración de sí, el autonocimiento, con mirarse de frente en el espejo: esa es la condición, porque:

> la desustanciacion por los espejos es atroz... Mirándose mucho al espejo, encontrándose mucho con él, se puede tener hasta el cáncer... Yo he conocido a una persona que tenía la manía de que iba a tener un cáncer en la lengua... No tenía ni antecedente de familia ni nada que justificase aquello; pero como estaba siempre mirándose y sacándose la lengua en los espejos, lo tuvo (*ibid.*, 110).

El objeto no siempre exige presencia, puede que se dé como alegoría: «y debía estar en un peligro inminente, porque eso quería decir que:

> eso quería decir el que oyese el puro reloj del tiempo, el inverosímil extraplano, el latido que siempre figura en el silencio, pero que nunca tenemos la bastante sutileza para oír y que solo si hubiera unos prismáticos para oír podríamos alcanzar ese extremo de salud» (*ibid.*, 113).

---

144   Georg Simmel, *La cultura alemana en el fin del siglo XIX*, Obras completas.

145   *El malestar en la cultura: Das Unbehagen,* es la expresión para una prenda que no sienta bien y que causa malestar, es un cuerpo extraño.

El termómetro se convierte en el medidor que cura y su ser mercurial se fusiona con el ser del enfermo hasta el punto de no poder separar y aclarar los términos, las contradicciones de la dolencia.

Los seres vivos como síntoma

El repertorio de personajes cotidianos también se enzarzan en la formación de síntoma. Los niños enferman y se curan con la presencia de una caja de música, con ella (de esencia de pinos o araucarias) se pueden olvidar de la pulsión de echar los brazos a la muerte, como una tía que también quiere jugar con ellos: «esta temporada he salvado a más de cincuenta niños gracias a mi caja de música» (*ibid.*, 110). El simulacro como vía de acceso a la raíz del síntoma.

Otra vez la sugerencia de la regresión a algo que en cierta forma está vedado. Que llega a adoptar formas dramáticas cuando la mujer que ha sido radicalmente operada («vaciada») presenta la necesidad de volver a tener un útero para poder tener de nuevo cualquier enfermedad que la haga escapar de la muerte (*ibid.*, 112).

El personaje puede ser un ser vivo que funciona como gran alegoría. El propio poeta Juan Ramón, el poeta del silencio, que tiene la vida perdida en tiempos del ruido y la prisa. Frente a los trenes, cascabeles, xilófonos o *jazz-band*: la solución es paradójica, salvo por la coherencia que ya nos han proporcionado los diversos elementos. Esta sería la última razón:

> Si yo le hablase como doctor poético, le diría que hubiese silencio, pero como tengo que encontrarle una solución práctica, le voy a recomendar que cubra de espejos su habitación... Los espejos todo lo recogen menos el ruido (*ibid.*, 136).

Separarse de una racionalidad armada para encontrar la cara o la cosa que engarza por asociación con el detalle inconsciente reprimido. Una racionalidad más flexible que ya asomó su primera faz en el *Libro mudo* y que pretende captar la secuencia no evidente, la prohibida o cohibida hasta llegar al doctor inverosímil. El sujeto que escucha lo otro, no lo da por supuesto y ensaya maneras de apresarlo, entre la metáfora y la alegoría.

Lo inconsciente es el cuerpo

La construcción del sujeto que Ramón emprende desde varios lugares tiene un punto de apoyo de solidez y originalidad poco comunes. Se trata de la mirada acerca del cuerpo como lugar del que brotan las referencias a la dimensión inconsciente que nutre el sujeto.

Si los objetos, la ropa, los espacios, los ambientes con sus rituales y costumbres son el camino por el que se manifiesta lo otro, lo no previsto y extraño, Ramón entiende que los propios cuerpos son la manifestación prístina del sujeto de lo inconsciente. Partiendo de aquella condición del andrógino primigenio (que tanto evoca al sujeto perverso y polimorfo de la infancia humana, según Freud) Ramón elige –por supuesto que no con la intención de hacer un tratado de antropología del cuerpo– los senos femeninos como lo natural inquietante, lo familiar-inhóspito, sobre todo para la mirada del varón, para la cultura masculina (valga la redundancia).Y esa elección parcial que tiene tantos ecos en las formulaciones psicoanalíticas[146], permite establecer un sistema binario que sería el comienzo de la significatividad en el repertorio de los senos. Seguramente motivado por un cambio cultural en las costumbres no solo de la crianza (dimensión nutricia) sino de la presentación y aun exhibición del pecho femenino desde el comienzo de siglo (dimensión erótica).

De modo semejante al trabajo que hemos visto a propósito del *El Rastro*, donde el relato de las variaciones etnográficas, monetaristas o de trueque apunta alegóricamente a una sociedad entera, a una cultura nueva que ya podemos llamar del consumo, con el cuerpo acontece esa lectura alegórica que abarca al sujeto en su integridad.

---

146   Todos los fundadores hablan de la oralidad temprana y de la importancia del seno materno como primer otro del infante. Recordemos en la terminología de Melanie Klein que llega a distinguir simbólicamente el imaginario de un «pecho bueno» frente a un»pecho malo» como primera forma de organización de la representación de los afectos, de la relación madre/infante. Un pecho que le amamanta y otro que le frustra. Melanie Klein, *Principios del análisis infantil*, Barcelona: Paidós, 1970.

La sentencia de partida, que tendemos de entrada para ir devanándola, como un ovillo, es la que Lacan postula de forma sucinta, cuando afirma que «lo inconsciente es el cuerpo».

La secuencia de mi presentación va de *Senos* a *Automoribundia*. Después del recorrido por algunos de los episodios más chocantes de *El doctor inverosímil* en los que el cuerpo femenino queda resaltado con una mirada que va más allá de lo puramente pornográfico y aun erótico, estos dos tramos de distinta índole nos ayudan componer el mosaico del Ramón afectado por lo inconsciente. Subrayo *Senos*, donde hay una desgenitalizacion y desmaternización, de la mano de uno de los grandes fetiches que se erigen en esta época como mito principal. Pero también, como veremos en el siguiente apartado, algunas de las páginas de *Automoribundia,* en las que subraya el sesgo tanático de su estilo vital: como Freud, es algo que dice haber descubierto principalmente en la ciudad de París.

Senos, que se define como un libro «no pornográfico» (*Obras completas*, III, 533) en el que aparentemente se recopilan las variantes de los senos femeninos o, mejor, de las fantasías imaginarias que produce la variedad de los senos y aun la existencia misma de estos. Si, siguiendo a Zlotescu en *El libro mudo*, hicimos caso a Ramón cuando dice haber inventado (en realidad descubierto) a la mujer, como producción del varón y desde el varón[147] este libro es un nuevo ejercicio de proyección deductiva, de potenciación de la cultura del varón que en el trance de hablar de la mujer, de las mujeres, marca su propio imaginario como estatuto real. Ramón no sucumbe del todo a este espejismo: habla de sí, habla de la mirada del varón, tremenda y limitada manera de mirar en la que la sexualidad femenina (el gozo no fálico, diríamos en modo lacaniano) en lo que tiene de no pura genitalidad (senos es un apunte detallado de otras formas de la feminidad que no tienen en cuenta la «herida sexual») impone y precisa el rodeo de la tipología, de las variantes para, con humor y con melancolía, componer estas páginas de lo que en otro lugar he llamado la envidia del varón.

Frente a la *invidia penis* femenina (la expresión es de Freud, cabe pensar en una *invidia ventris* –en este caso una *invidia sinus*– en la que el varón expresa su limitación por no engendrar como la mujer. La cultura masculina, o la cultura dominante, *tout court*) produce sin cesar relatos, mitos, normas para tapar esa carencia esencial. Ramón participa naturalmente de ellos, pero aquí, como en otros muchos de sus escritos, se asoma a la diferencia entre la perplejidad, la ironía y una cierta piedad no necesariamente paternalista. Así dice en el Prólogo:

> Por lo menos hay bastante sinceridad y bastante disolvencia para mitigar un poco la sed de los senos, sed que no mitigan los senos reales

147   Realmente en la exégesis bíblica, la costilla de la que sale Eva no es propiamente la costilla sino el borde, el costado lo que implica una escisión en ese primigenio «hombre y mujer los crió». Roland Chemama, *Diccionario de Psicoanálisis*. Madrid: Amorrortu, 2004.

sino algo que todavía no está en esta obra pero que esta obra apunta y que podría llamarse «la cuadratura de los senos». ¡Oh qué calmados todos el día en que pudiera hallarse la «cuadratura de los senos»! ¡Qué desembarazados los senos si los resolviese el estilo la divagación y las fórmulas de la imaginación!

Como vemos es el mismo recurso que ya venimos contemplando a la alegoría, a lo imaginario, a la salida de la realidad para alcanzar alguna suerte de plano real, sorpresivo, inaudito, que las cosas tienen y que nos piden toda nuestra atención.

La posición más importante de fondo parte de la evidencia de que los senos no se leen principalmente como fetiches (amputados, aislados, distanciados, enajenados de la mujer, de cuyo cuerpo forman parte) sino que son más bien alegorías de una realidad de mayor calado: son la manifestación de lo anímico del cuerpo, son la esencia de la persona que los porta, que los es. Ella es sus senos que, vistos por Ramón, dicen mucho más allá del casticismo erotómano. A Ramón le interesa, a través de la multiplicidad de formas y situaciones, captar qué dice este seno concreto. Qué trae de ese más allá inconsciente que es el cuerpo. Como dice Olvido García Valdés: «no más alma que la que el cuerpo expresa»[148]. Una mirada que atiende a lo peculiar, por más que se puedan hacer comparaciones e incluso tipologías, como peculiares son las manifestaciones de lo inconsciente.

Véase cómo refuerza en ese excelente prólogo su intención que va más allá del tema (y) del libro:

Este libro es iconoclasta, arranca los senos, los rompe, pero los maneja y juega con ellos antes y después de romperlos, volviéndolos a rehacer pero ya corregidos de sus pretensiones incorregibles, de su empaque salvaje, de sus orgullos crueles, de sus intempestivos caprichos. La turbación y el temblor primero, como de coger lo que es de otro, perfectamente de otro ser, de un ser con vida propia, de un ser cuya insubsanable separación no corrige ni cura, ni resuelve en sexo amable, esa turbación y ese temblor es lo que más pasa por esta obra... (*Obras completas*, III, 534).

No hay cosificación, pese a las apariencias, ni mirada fetichista seccionadora: lo que podría ser mirado como puro fetiche (la parte erótica, la «zona erógena», dicho ranciamente), hay una apertura a la alegoría. A una fábula que junta lo diverso para tratar de decir de lo imposible de ellas (imposible de decir para los varones) algo. Algo que se acerque a lo que la intimidad y la sexuación nos hacen vivir aunque no sepamos sino trocearlo y hacerlo pornográfico.

Luego viene la fábula del libro *Senos*, en toda su riqueza. Con capítulos y miradas delicadas que completan aquella sospecha del principio (lo

148   Véase principalmente el poema «La caída de Ícaro», 2008.

inconsciente está a la vista). Y aquí se trata, primero, de mirar (Los senos de la ventana), y luego de tocar (la fabulilla de «El tañedor de senos», que trata de poner la suavidad y el sosiego reparador donde suele haber rapiña y violencia). Pero el aumento de la lente se despliega pronto desde el momento en que los senos no son partes, sino el todo de un secreto:

> Miraba aquella mujer de tal modo la vida, que tocar sus senos era como tocar el secreto de la vida» [...] «¿Se podrá conseguir algo más grande en la vida que creer siempre,, durante mucho tiempo, que se toca lo inaudito lo inesperado, lo imposible? (540).

En estas expresiones y aun en las que dan pábulo a fabulillas medio costumbristas orientales, románticas, está la búsqueda del peso de lo real: en que los senos son impremeditación, acontecimiento, revelación imposible de racionalizar.

Bien se puede objetar que lo chocante es que Ramón elija este delicado tema. Por qué no otro... Creo que porque se le impone un territorio donde la moda, la forma peculiar de la cultura del consumo ostentatorio, ha abierto la puerta a la diversidad y al mismo tiempo a la intimidad exhibida. No se niega la raigambre renacentista y más: barroca, de todo este campo, pero el salto es la pregunta por la consistencia del sujeto, por la obra de lo inconsciente. En la fabulilla titulada «La confesión», la mujer sorprendente por su revelación inesperada dice al interlocutor:

> Si no te pareciese chabacana la comparación, te diría que parecéis policías secretas que nos registráis el pecho con un manoseo insistente, sin acabaros de convencer que no guardamos nada ahí... No olvides que te he dicho lo que no he dicho a nadie... Decir a un hombre la confidencia que no se ha dicho a nadie es como si se le diese lo que no se ha dado nunca (547).

¿Qué está en juego del sujeto en esta figura? Esa es la verdadera pregunta que Ramón despliega a través de figuras como el inquisidor, el rey, el coleccionista, el dramático rondador nocturno que resulta ser novio frustrado por la presencia de la luz que todo lo desvela. Pero también la secuencia parecida a los casos de *El doctor inverosímil*, en los que los senos parecen cobrar vida propia, adoptar figuras de llamada, de alivio colectivo, de seres que quieren volar...

Esta línea dc visión y de argumentación la propone el autor con una mezcla de florilegio de fabulillas y de catálogo o expositor de un gran escaparate, un gran bazar, de senos, como objeto que se da a la mirada –a lo imaginario– para ahondar más en la propia condición del sujeto de los tiempos modernos.

Y en medio de la diversidad provocadora, sutil, aguerrida a veces, surgen destellos de una voluntad de saber más allá de lo consciente. De los senos a una dimensión que no alcanza a nombrarse y que a veces da pábulo a las expresiones más almibaradas de Ramón, si no fuera porque el almíbar no tiene lugar en su farmacopea (y menos en este tema desabrochado):

Al tocarlos sentí que tocaba su alma y sentí en todo mi ser un escalofrío, una crispadura especial. «Pero llevas tu alma en carne viva», la dije[149]. Sí, la llevaba. Era cosa de su naturaleza pues aquellos senos tenían la expresión del alma (564).

—Me parece que me tocas el alma…

—Sí eso quiero, eso siento –repuso él» (654).

La casuística rica y sorprendente (los senos de las niñas de ese barrio, los de la que va por café, de los querubines, de la temerosa…, de la cubana, de las dos amigas de la cursi…), son vistos desde el encuadre que marca el mercado: son tasados o medibles, son evaluables, forman parte de los objetos de la moda conspicua, pero apuntan más allá a la poderosa presencia de un elemento que no se deja asir y no cesa en su insistencia: lo inconsciente.

Incluso la superación de una lectura genérica de las mujeres o aun de la mujer precisamente por entrar en otra categoría que trasciende el dimorfismo. La refundación del surgimiento de mujer y hombre, cuando la experiencia tiene la unicidad de una mirada atenta o abducida. A la manera en que Tomás Segovia nombra la experiencia que transforma el percibir en la visión del enamoramiento:

Igual que estar enamorado de una mujer es no poder verla como «una de las mujeres», sino incomparablemente como «otra cosa». Hablo de un momento y un nivel porque esa experiencia no puede aislarse totalmente excluyendo lo que la rodea, pero eso no quita que ese nivel exista (en su momento). Cuando estoy enamorado de una mujer, no borro del todo y literalmente a las otras mujeres, pero no cabe duda de que hay un nivel donde la mujer que amo está fuera de toda clasificación, incluso de la clasificación en sexos, convertida en un ser diferente y único y hasta en un sexo diferente y único. Es claro que ese nivel de unicidad incomparable no es solo el terreno en el que todos, hombres o mujeres, quisiéramos ser amados, es también en el que un poeta quisiera ser leído, un pintor mirado, un músico escuchado[150].

Esa atención desmesurada, más que curiosa, genuina, casi infantil en su potencia, transadulta en su recorrido, es la que muestra *Senos* con total claridad. Y al decirlo no puedo menos que señalar lo heterogéneo de su factura: se trata de un texto enorme, denso, ligero en apariencia, frívolo si uno lee sin reparar en lo que va construyendo. Desde detalles cotidianos de extraordinaria vivacidad hasta fragmentos que hacen fábula de reflexiones más metafísicas y aun místicas:

Que en ellos está toda la materia de mundo dignificada, no hay quien lo mueva. El mundo es esencialmente material y ellos son la mejor clase de la materia que, sin escapársenos como lo líquido y lo gaseoso es

---

149 En el comienzo de *Senos*, Ramón inserta esta Advertencia: «Yo soy partidario del la en vez del le» (531).

150 Tomás Segovia, «Invocación de Emilio Prados», *Fractal* n.º 11, octubre-diciembre, 1998, año 3, volumen III, pp. 69-83.

etérea y es material [...] son la materia aquilatada. Son los tulipanes su-
premos, el florón de lo real» (665-666).

Esta indagación va en la línea de entrar en los procesos que subyacen a la vida cotidiana, con más decisión si cabe que en los trabajos ya comentados, (a) *más allá del nombre* y de (b) lo externo del *síntoma*. Desembocamos por la vía del deseo en ese «florón de lo real» que anima a situarse con decisión en el borde de lo decible, en las oleadas de lo imposible que no dejan de sacudir-nos, aunque no sepamos decirlas ni mostrar su designio.

De Eros a Tánatos

Veamos ahora algunos textos más relevantes en los que Ramón expresa y teoriza lo que sabe de lo inconsciente. Varios antes de llegar a *Automoribundía,* que reúne algunos de los sentidos que ya hemos apuntado, y lo hace como cifra principal: no se trata de revelar el verdadero nombre de una autobiografía (al cabo todas encierran su reverso). Hasta llegar a la frase que cierra ese libro final, que tomo de Zlotescu (*El libro mudo,* 17) y es completamente relevante para afianzar mi proceso de lectura del sujeto inconsciente:

> He vivido el mundo como si fuese tal como será algún día y por eso no
> me importa dejar el verdadero que suplante a mi mundo y que no es más
> que un mundo de estafa, que envenena el agua que bebemos.

Estamos ante la misma voluntad de verdad que reivindica uno de los últimos seminarios lacanianos: «un discurso que no fuera simulacro». Pero, para el caso de Ramón, esa innegable voluntad de verdad –que se pone en acción a través de mecanismos no premeditados, que tiene mucho de la escritura automática, y de la asociación libre (dos hitos contemporáneos)– se va por los cerros que son los senos o por las calles de las ciudades, para decir de lo imposible algo.

Antes de entrar en *Automoribundia,* notemos dos rasgos teóricos importantes: (a) Ramón puede, por fin, dar cuerpo conceptual a las intuiciones poderosas de *El libro mudo,* y lo hace con ayuda de la propia terminología psicoanalítica y (b) Ramón puede concluir con la imbricación inseparable de Eros y Tánatos, que anunció ya en sus primeros escritos.

Vengamos ahora al texto en el que Ramón sintetiza el itinerario de su mirada atenta a lo inconsciente. Me refiero al artículo en el que presenta su reflexión personalísima sobre el nombre freudiano más reciente de lo inconsciente: *el ello*. Naturalmente el ello no tiene fuste si no es con el análisis de las cosas que lo atraviesan y lo constituyen: Ramón, certero, titula su texto «Las cosas y el ello»[151].

Y antes una greguería directamente alusiva: «El psicoanálisis pone en pie recuerdos que estaban en cuclillas».

Lo que gritan los seres desde su inconsciencia, lo que gritan las cosas[152].

La literatura es un estado de cuerpo (*El libro mudo*)

El itinerario de conocimiento de las cosas y los productos de la época tiene, de la mano de las vanguardias y de la visión de la otra escena del tiempo, una marca que resulta peculiar, precisamente en un momento en que se desarrollan formas de indagación del sujeto de la cultura del protoconsumo.

Los modos de socialización de este primer consumidor tienen que ver no solo con procesos premeditados y conscientes, con procesos de elección racional, sino con todos los modos de impregnación y proyección, de vinculación con los objetos, con las mercancías, atribuyéndolas a estas un poder que revierte en la propia identificación. Esta dinámica del fetichismo se completa, como ya hemos indicado, con la postulación de una dimensión no consciente, con otra escena interior que Freud, analizador de personas en un contexto de crisis de la cultura –la Viena de fin de siglo sin cuyos escenarios de primer consumismo y sus crisis no puede entenderse el hallazgo psicoanalítico–, nombra con la hipótesis de lo inconsciente.

Ramón, como Ortega, se hace eco pronto de esta posibilidad de leer los acontecimientos y las transformaciones culturales y subjetivas. Ortega lo hace, como es sabido, por su propia vinculación con la cultura alemana, que le lleva a fomentar la traducción temprana de las obras de Freud[153] y toda una serie de incorporaciones a la interpretación de la cultura del protoconsumismo, entre otras, la que indica la diferencia entre necesidad y deseo en los hábitos y expectativas de los españoles. Es muy llamativo el pasaje de Ortega en el que se revuelve contra una visión utilitarista del mercado para distinguir entre el mundo de las necesidades (que piden ser colmadas) y el mundo del deseo (que no tiene cómo, ni colmo)[154]: la mengua de la secreción de la glándula del deseo –viene a decir Ortega– hace que la propia cultura mengüe en su pujanza

---

151   Notemos que el concepto «Das Es» es neutro en la lengua de Freud. En francés «Le ça», o simplemente «Ça» se escapa de la ambigüedad del español «El ello», y permite ser interpretado como espacio, lugar, escena, más que como una instancia personalizada. De ahí mi tesis del psicoanálisis como comprensión escénica.

152   Prólogo a la edición definitiva de las *Greguerías Completas*, Barcelona: José Janés, 1947.

153   Carlos E. García Lara, *Ortega y el psicoanálisis*, Universidad de Alicante, 1997.

154   Véase mi libro *La fábula del bazar: origen de la cultura del consumo* y en él el capítulo sobre Ortega: la mengua de la secreción de la glándula del deseo –viene a decir Ortega– hace que la propia cultura disminuya en su pujanza, puesto que la cultura no es sino «el rebosamiento del deseo».

puesto que la cultura no es sino «el rebosamiento del deseo». Ramón escucha a Ortega en persona y en la redacción de la *Revista de Occidente*. Además no desconoce a los intelectuales del ámbito psiquiátrico y psicoanalítico entre los circula la primera conceptualización freudiana.

Ramón entra de la mano del surrealismo, o del sobrerrealismo en el campo de las relaciones no conscientes, en su vertiente poética, constructiva. Pero todo parece indicar que completa su familiaridad, no especializada –y por ello más llamativa en sus expresiones– a partir de los debates que en torno a la tertulia de la *Revista de Occidente* lidera el propio Ortega[155]. Llama, con todo la atención, que Ramón Gómez de la Serna aplique este modo nuevo, casi una constelación de conceptos borrosos, a la analítica de los objetos de la modernidad del mercado[156].

Lo «subconsciente», término que, como se sabe, designa genéricamente la hipótesis de lo inconsciente antes de la primera tópica freudiana, circula abundantemente en la obra de Ramón, desde sus primeros trabajos autobiográficos. En el viaje interior de *El libro mudo*, pero también en las formas del teatro (*Obras completas*, II), que no podemos aquí entrar a comentar, postula una lógica de lo no consciente que circula por entre las cosas y los seres y que es preciso escuchar, atender. En el trabajo *Suprarrealismo* en su recopilación *Ismos* (1931) proclama: «por primera vez hemos tocado los senos blandos de lo subconsciente, novedad que vuelve a meternos en otras épocas de las cavernas, cavernarismo íntimo». Es esa regresión o entrada en la otra escena, mediante los efectos de sentido de las nuevas cosas, la que marca la peculiar mirada de Ramón. No declina el análisis político, cultural, pero reclama otra entrada en materia, es decir en la afectación por el lado no consciente de la vida moderna.

En relación con la fantasmagoría que supone el cine, en su trabajo sobre las sombras[157], registra esta forma de comunicación que va por otro camino:

> Actúa un metabolismo extravertido entre el cuerpo y el espacio, y el pensamiento aprende a segregarse en el espacio, muriendo en las sombras, entregando sus folículos al viento inmóvil de la oscuridad.

> En la oscuridad respira lo subconsciente y se alargan nuestros tentáculos.

---

155 Luis S. Granjel, en el citado *Retrato de Ramón*, p. 71 dice: «allí oyó Ramón comentar la obra literaria de Kafka, de Huxley y Lawrence, la psicología de Jung y las doctrinas filosóficas de Spengler, Simmel y Keyserling». A propósito de Simmel, la primera colaboración de Ramón Gómez de la Serna en la *Revista de Occidente*: «María Yasilovna (falsa novela rusa)» aparece entre la primera y la segunda parte de la versión de *Filosofía de la Moda* de Simmel. II, 1923, p. 183 y ss.

156 De las conexiones entre sobrerrealismo y psicoanálisis hay numerosos frutos bien estudiados –uno de los últimos puede ser la constelación de Jacques Lacan. Pero conviene llamar la atención sobre la vinculación entre las nuevas producciones formales que dadaísmo y cubismo traen a la escena del consumo cultural y las nuevas representaciones del sujeto, de lo inconsciente. Hans Arp observa que «la ley del azar que contiene en sí todas las demás leyes, y es inaccesible, como las fuentes insondables de donde emana la vida, solo puede captarse mediante una entrega total al subconsciente». Citado en John Berger, *El sentido de la vista*, «El momento del cubismo», p. 176.

157 Ramón Gómez de la Serna, «Siluetas y Sombras», *Cruz y Raya*, noviembre 1934.

El termino «inconsciente», como sinónimo de lo subconsciente, está presente, como ejemplo, en su trabajo anterior «Botellismo»[158]:

> [...] todo esto ha estimulado inconscientemente al pintor, que se ha puesto a dar vueltas alrededor de la botella, como el margnetizador alrededor de la bola magnetizadora. En la botella veía claro el pintor su destino de pinturante.

Ramón conversa con el psicoanálisis desde su posición de analizador del arte, de la pintura. No en vano en 1915 promueve el Salón del Pombo, como estrategia que abre a dimensiones nunca consideradas:

> Nuestro espíritu frente á todas las prevaricaciones y las incompresiones debe estar lleno de sí mismo, dedicándose a sus más sueltos devaneos, libres hasta de la libertad. Se nos ocurren frente a todas las cosas tantas palabras como ante senos perturbadores y, como nadie nos sigue tan lejos, debemos ensalzar nuestra soledad, ofrendando toda nuestra riqueza ondulante, supérflua y vaga, a la onda flúida y ondulosa. Nosotros representamos lo que aún está por lanzarse. (*Primera Proclama del Pombo*, facsímil, Biblioteca Digital, Memoria-de-Madrid).

Y en ese contexto está la polémica con el Dr. Lafora, primer psicoanalista español cercano a él y a Ortega (con quien funda los *Cuadernos de Neuropsiquiatría*).

En lo que respecta al mundo artístico, como podemos imaginar, tampoco se quedó muy atrás en el asunto de comentar la teoría del arte de Gonzalo Rodríguez Lafora[159], y es muy interesante de analizar, por ejemplo, la experiencia que tuvo con Ramón Gómez de la Serna. No es ni más ni menos que una disputa pública mediante cartas abiertas que se dirigieron entre Ramón Gómez de la Serna y Gonzalo Rodríguez Lafora en el periódico *El Liberal*, en torno a la última semana de mayo y primera de junio de 1922. El conflicto comenzó días antes, tras la conferencia que Gonzalo Rodríguez Lafora imparte en el Ateneo de Madrid con el título de «El arte de los esquizoides», publicado en *Archivos de Neurobiología* (t. III) como «Estudio sobre el cubismo y el expresionismo». La reacción se levanta cuando el literato entiende de las consideraciones del psiquiatra un insulto hacia la vanguardia, dado a ser vista desde un punto psicopatológico en la analogía entre el enfermo mental y el artista moderno. Así, Gómez de la Serna lo consideró una ofensa, y responde al doctor Lafora, como era de esperar, de una manera burlesca:

> Creo que a todos ha sorprendido esa versión fácil del doctor Lafora de una manifestación del arte contra la que quizás podía sostener las diatribas más mordaces un crítico de arte, pero no un neurópata... Dan ganas de decirle al doctor Lafora: El esquizoide lo será usted; pero, respetuosos

158 *Obras completas*, p. 313.

159 Puede verse Eduardo Antonio Balbo, «Rodríguez Lafora y el psicoanálisis en Buenos Aires» Revista de la Asociación Española de Neuropsiquiatría, vol. IX, n.º 29, 1989.

con su talento de doctor y con su mucha sabiduría en lo que se refiere a las enfermedades nerviosas, no nos atreveremos a decírselo[160].

Todo por el tema central de si hay que entender el lenguaje de la locura como una anomalía del lenguaje ordinario, o como un verdadero lenguaje en sí mismo (Lacan y su influjo del surrealismo lo afirma en el comienzo de su tesis doctoral sobre la psicosis paranoide). La relación entre el mundo del arte, de la escritura, y la atención a los fenómenos que proceden de la «otra escena» (primer nombre de lo inconsciente) son de sumo interés en la obra de Ramón, incluso, y sobre todo, de aquella en la que no se mide con los textos psicoanalíticos como tales. Luis Bueno[161], en su trabajo sobre Ramón y el Psicoanálisis, señala principalmente esta fuentes: *El doctor inverosímil* (1914), *Ismos* (1931), «Las cosas y el ello» (1934), *¡Rebeca!* (1936) y *Automoribundia* (1948).

Los trabajos relevantes, porque nos ofrecen una nueva luz sobre el tema de los objetos del mercado, son «Las cosas y el ello» (1934) y «Las palabras y lo indecible» (enero de 1936), última colaboración de Ramón en la *Revista de Occidente*[162].

«Las cosas y el ello», que nos dará pie a algunas consideraciones sobre las lecciones de cosas del mercado de Ramón, inaugura una entrada en la cultura de época. Plantea el tema de la identidad a través de los objetos, y señala una nueva forma de conocimiento:

Desviándose de los conocimientos puramente lógicos, el presente quiere teorizar sobre lo inadvertido y quiere tener conocimiento del nadie, de la nada, del no-yo, de el ello y del alma de las cosas.

El espíritu, que es rumor de la materia, un espejeo de sus propias incidencias, quiere saber más de sus piezas interiores[163].

Ramón analiza las cosas como *alter ego* de la identidad, en un momento de fetichización y de simulacro, primero en las vanguardias y en el consumo estético, luego en los objetos industriales y cotidianos. Para ello, rectifica «la idea del subconsciente, según los últimos adelantos que le han dado el título de el ello[164]:

160   Ramón Gómez de la Serna, «¿Qué es eso de los esquizoides?», *El Liberal*, 1922.

161   Señalo como uno de los trabajos más precisos sobre esta relación el de Luis Bueno (Máster de Psicoanálisis y Teoría de la Cultura. Universidad Complutense de Madrid): Luis Bueno Ochoa, *Ramón Gómez de la Serna y el Psicoanálisis. Esbozo de un rastreo*, Universidad Complutense de Madrid, 2017.

162   Bueno Ochoa dice lo siguiente: «El capítulo XCIV de *Automoribundia* contiene un nuevo brindis al psicoanálisis; de ahí su expresivo título: "Arte y psicoanálisis de la pipa". El ingenio y el derroche de creatividad de Ramón nunca defrauda. Y tan es así que antes de introducir a Freud señala que "se fuma en pipa porque se ha encontrado ese extremo contra el aburrimiento de la vida y porque no tiene colilla [...]" ¿Vale más vivir o fumar? y uno se contesta: "Como no es vivir vivir sin fumar más vale fumar muriendo"»; y justo a continuación, es cuando sobreviene la alusión al fundador del psicoanálisis: «El profesor Freud supo que el fumar le llevaba al cáncer y murió de un cáncer en el labio por no haber querido dejar de fumar su pipa». «Las cosas y el ello», *Revista Occidente*, tomo XLV, julio-septiembre, 1934, pp. 190-208. «Las palabras y lo indecible», n.° CLI, enero 1936, pp. 56-87.

163   «Las cosas y el ello», *op. cit.*, p. 190.

164   El término ello traduce «Das Es» freudiano, que incorpora en su segunda tópica, «El yo y el ello» (1923). He descubierto una cita sobre ello en *El libro mudo*, introducción de Ioana Zlotescu, p. 59, pero todavía no tiene este sentido psicoanalítico preciso.

Ahora, después de esta virtualización de las cosas, vamos a ver la teoría nueva que voy a insinuar: cómo caen las cosas en lo subconsciente y hasta en el inconsciente, siendo, por lo tanto, de una importancia involuntaria en el fondo del ser humano.

Ellas pasan al compartimento del yo, que recoge del exterior las percepciones y del interior, las impresiones afectivas, trasciende el super-yo, lo consciente, formado por sentimientos y tendencias no reprimidos, al servicio del yo, pasan a lo subconsciente, integrado por tendencias e instintos capaces de hacerse conscientes aunque no lo sean aún y, por fin, llegan a lo inconsciente, que está compuesto de todo lo reprimido y por los instintos de la especie[165].

Esta sorprendentemente correcta exposición, de cuya fuente aún no sabemos, le sirve para pregonar, un tanto modernistamente, que «hubo un cansancio de lo subconsciente, pues es una suposición cuya gratitud repugna a los que se mueven en el deseo de lo auténtico... lo subconsciente lo habíamos adoptado como un tranquillo fácil». Y a continuación compone una página no solo de admirable plasticidad, sino que apunta a una hipótesis realmente sugerente en la aproximación al consumo: las cosas se relacionan con los significantes de lo inconsciente:

Ahora va a resultar que en ese hueco tenemos todo lo que se amontonó sin orden y sin conciencia... En ese fondo de boardilla (sic) hay personas, gestos, conversaciones que no nos miraron a nosotros, pero, sobre todo, hay cosas, quicios de puerta, escenas de ver cortar la cabritilla blanca para hacer guantes como si fuese un crimen realizado sobre descotes (sic) y gargantas, el echar monedas por la ranura vertical de las máquinas tragaperras con un frenesí libidinoso –el primer acto de la libido del niño– el recibir una chapa por el primer bastón, el tirar aquel frutero de cristal que tenía espinoso tacto, el torear percheros, el correr cortinas, el oír cadenas, el mirar columnas salomónicas en ébano, el comprobar la sangre fría de los termómetros, el sentir el olor mareante de los hules nuevos, el levantar lámparas, el ver barrotes de camas, el mirar agujerillos de sillas con asiento de paja cruzada, el frotar con los pies limpiabarros de casas ajenas[166].

La secuencia, una entre tantas brillantes de este trabajo, recoge tanto la biografía de los objetos como el proceso histórico y concreto de construcción de lo inconsciente biográfico. El mundo de los objetos de consumo, de las cosas de la vida cotidiana, sus significaciones propias, las vinculaciones que entre ellas se traman, desembocan en una dimensión inconsciente, que no es abstracta ni profunda. Lo inconsciente, como vimos que dice Lacan y ahora aparece con

165   «Las cosas y el ello», op. cit., p. 198.
166   «Las cosas y el ello», op. cit., pp. 199-200.

más rotundidad, no es íntimo sino éxtimo. He aquí una de las claves de la máquina ramoniana, de su afección por la mirada sobre lo menudo, la importancia civilizatoria de lo trivial del consumo. Lo ve muy bien uno de sus comentaristas próximos, Antonio Marichalar, quien, ya en el año 1924[167] subraya: «para Ramón lo importante es lo trivial, ha dicho un crítico. Pues qué, ¿no es importante lo trivial?... En definitiva, lo trivial, para serlo realmente ha de poder llevarnos –de acuerdo con su auténtico sentido– hasta esa encrucijada que al autor obsede».

En esa ecuación que plantea mi pregunta, dice Ramón: «no hay misterio de subconsciencia, sino elementos reales, cosas, excitación de cosas, dientes enseñados por las cosas en mueca inolvidable y calidades de tiempo». Y como en su estilo no está la solemnidad, remata con dos píldoras en las que se recoge el saber psicoanalítico como aliado de la mirada sobre los nuevos escenarios –el territorio interior está construido de objetos perecederos– y también un cierto humor que no hace dogma ni secta:

> Meter en el psicoanálisis las cosas con amplia matización es lograr el secreto de lo que muchas veces ahoga al hombre, ese motivo de enfermedad que veinte especialistas no encontraban y que un dentista encuentra en una muela.
>
> Todo lo externo se engarabita en el interior. Las cosas no tocadas dejan una irresolución que es difícil interpretar.
>
> Desde entonces llevamos crispada en el ello una confitería indestructible como símbolo de lo que de empalagoso hay en Sevilla[168].

Hiperestesia y pasión de las ciudades que se dejan ver con otra luz que no niega la biografía inconsciente. Y recuento de sueños, como una confesión de lo limitado del repertorio del sujeto de la cultura del consumo. Dimensión esta que sorprendentemente cala bien Walter Benjamin cuando reseña *El circo,* en 1927: «Sus notas dicen lo más importante sobre el inventario completo del circo: es decir, hasta qué punto lo que hace más confiada a nuestra fantasía es básicamente un gastado inventario de sueños»[169].

En esta misma línea hay que añadir otro trabajo, «Las palabras y lo indecible», texto brillante y poderoso, que nos pone en una época tensa en contacto con esta dinámica del revés de la cultura. Relaciona los procesos inconscientes con el lenguaje. Las palabras que intentan apresar los sentidos no dichos destacan precisamente esa característica de repertorio y de combinatoria significante que designa el otro lugar, el inconsciente. Las dimensiones de lo latente se manifiestan en las cadenas de sentido. Hallazgo que Ramón pone como emergente de la época.

---

167   Antonio Marichalar, «Ramón Gómez de la Serna: El alba y otras cosas», *Revista de Occidente*, enero-marzo, 1924, tomo III, pp. 119-125.

168   «Las cosas y el ello», *op. cit.*, p. 204.

169   Walter Benjamin, «El circo de Ramón», en *La Basa de la Medusa*, n.º 34, p. 4.

El vacío nos ha rodeado en nuestra época y casi todos nuestros actos y nuestras invenciones son una rebeldía al horror, una reacción contra ese horror[170].

Menciona a Breton, quien cree que una cosa se vuelve «preconsciente» «gracias a la asociación con las representaciones verbales correspondientes, revelaciones instantáneas de las huellas verbales». Y da una cifra importante de su mirada acerca de las cosas en relación con el proceso de nombrar.

No hay necesidad de mostrar las cosas sino señalar el sitio que debían ocupar con una cifra, con un punto, con una síntesis mágica.

Este azar de las palabras, este automatismo de la expresión que no es un juego, este descubrimiento de las frases más extrañas saca almas del purgatorio de lo subconsciente[171].

Esta posición de Ramón tiene la doble potencia de ser estratégica para la redacción de una serie de novelas «de la nebulosa»[172] y al mismo tiempo depuración de su afirmación del sujeto de la escritura.

Un sujeto que se despide del yo: *Automoribundia*

«Las biografías hay que merecérselas», dice Ramón[173], que escribe efigies y retratos de contemporáneos[174] como modo de catar lo peculiar del tiempo más allá de la mirada de los historiadores positivistas. En este proceso, en este síntoma, muestra una vía de conocimiento de la cultura de la época que está hecha con los materiales de lo peculiar. Él mismo es un autor autobiografiado desde muy pronto y merecedor de biografías de otros también desde los comienzos de su vida pública[175].

Ramón, constructor de personajes que son otros tantos tipos del momento de transición del casticismo al consumismo, triunfa especialmente construyendo su propia imagen. Convirtiéndose de Ramón Gómez de la Serna, licenciado en derecho y escritor, en una poderosa imagen de marca: RAMÓN, una verdadera factoría, a juzgar por la versatilidad de sus producciones y el

---

170   Ramón Gómez de la Serna, «Las palabras y lo indecible», *Revista de Occidente*, n.° CLI, enero, 1936, p. 63.

171   Ramón Gómez de la Serna, «Las palabras y lo indecible», *Revista de Occidente*, n.° CLI, p. 72.

172   Laurie-Anne Laget, «Recrear "el verdadero lío de la vida": programa estético y estrategia editorial detrás del ciclo ramoniano de las novelas de la nebulosa» *Revista de Filología* 34, marzo, 2016, p. 253.

173   Ramón Gómez de la Serna, *Efigies* (1929), ed. Aguilar, 1989; *Retratos contemporáneos*(1940), Ed. Aguilar, 1989.

174   «Cada vez estoy más convencido de que la biografía es una cosa que el biógrafo merece o no merece hacer. Si merece, saldrá bien, y si no lo merece, inútiles serán esfuerzos y esmeros... la biografía será crimen cadavérico, ensañamiento *postmortem*», En Luis S. Granjel, *op. cit.*, p. 240.

175   Tres biografías sobre Ramón, de tres momentos: Miguel Pérez Ferrero, «Vida de Ramón», *Cruz y Raya*, septiembre 1935; la mencionada de Granjel, 1963; Mariano Tudela, *Ramón Gómez de la Serna. Vida y gloria*, Ed. Hathor, 1988. Los textos autobiográficos de Ramón comienzan con *El libro mudo* (1910), *La sagrada cripta de Pombo* (1924), *Automoribundia* (1948), *Cartas a mí mismo* (1956), *Nostalgias de Madrid* (1956), *Nuevas páginas de mi vida* (1957), *Diario póstumo* (1971) y en realidad todas las novelas y casi todos los ensayos.

merchandising, «avant la lettre», con el que disemina y refuerza su presencia en el mundo del mercado editorial, en el mundo de las letras, en el escaparate de entreguerras.

Ramón se construye como personaje, en un anticipo de lo que la cultura de masas dará bajo la forma del prescriptor de tendencias y modas, precisamente en el momento en el que la propia masificación hará más difícil la transmisión nominal, de alguien con nombre propio, y la sustituirá por el cada vez más intrincado mundo de las marcas y los personajes construidos del mercado de hoy. Esa construcción empieza en el campo de la propia escritura, cuando todos los párrafos de *El libro mudo* comienzan con un conativo «Ramón...». Un sujeto desdoblado en segunda persona, que es más que un hallazgo de estilo.

La síntesis y destilación de los estilos de las vanguardias, como ya hemos apuntado, se concretan en la autodefinición de *Ramonismo* (1923) con la que apunta una tendencia o, mejor, una convocatoria a seguir un modo de tratar las cosas. Pombo y su cripta es un proceso conocido de formación de una secta que no se hace tanto en virtud y alabanza de su nombre, sino como un laboratorio de gestación de ideas –su factoría– en el que la frecuencia semanal (no es una tertulia rutinaria), la temática, los invitados e incluso las extravagancias calculadas llevan el sello de Ramón. Versátil y buscador de un reconocimiento que cree avalado por su hipersensibilidad literaria y por su abundantísima obra, es capaz de asistir a dos homenajes a su persona que se dan el mismo día y a la misma hora[176]. La prensa de Madrid exhibe titulares como «Ramón busca piso», «Ramón deja su torreón» y las presencias públicas, periodísticas y radiofónicas, le convierten en un personaje, en un objeto de consumo.

No extraña, pues, que en los comentarios de *El circo*, Díaz Canedo, glose, en *El Sol*, su actuación en el trapecio, diciendo:

> Cuando en tiempos futuros se escriba la biografía de Ramón Gómez de
> la Serna, el episodio que ayer presenciamos adquirirá tal vez proporcio-
> nes fantásticas... Ramón Gómez de la Serna número de circo, tiene ya
> mucho camino andado para el aderezo anecdótico de su biografía[177].

Pero esta donación gozosa e irónica, que celebra los escenarios del margen, de la fiesta, es capaz de censurar con ironía y con humor al torero castizo y –como se ve en el documental *Esencia de verbena*– al orador dotado de una gran mano para atemperar a las masas.

Hay una construcción de sí, una formación de un personaje que necesita tanto blindarse frente a la depredación, como darse exhibicionistamente ante la pasión devoradora en que consiste todo público.

176   El 13 de marzo de 1923, uno se celebra en Llardy y el otro en El Oro del Rin. Manuel Alcántara, *op. cit.*, p. 111.

177   En *Obras completas*, III, pp. 805-806.

Esa es la ambivalencia del Ramón que se da continuamente en autobiografías y que se reboza en personajes. Que se presenta como un *alter ego* despojado o que se pertrecha tras tantos protagonistas de sus novelas.

De las autoimágenes a las imágenes del mercado, de la vida, circula este itinerario ramoniano:

> No estaban desencaminados aquellos rapazuelos que un día que yo exploraba el barrio de la California dijeron al verme: ¡Anda con el tío de la pipa; parece un titiritero con pipa![178].

> Me agrada mi nombre, no solo porque lo veía tan mecido en los jardines por ese Himno Nacional de la infancia que es el «Ramón del alma mía», sino porque el nombre Ramón tiene redondez, es cariñeno y cuando se bautiza a un niño se le prepara un destino pacífico: de empleado de correos o de hombre de letras[179].

Sus contemporáneos son sensibles a sus mutaciones y autodefiniciones, desde el joven con chalina y cachimba, al maduro que traviste con los pombianos de petimetre romántico, al transterrado bonaerense con una eterna pajarita al cuello. En *Automoribundia* se ve de lejos como un «muchacho con chalina, de esas chalinas de una telilla ajada que son como lazos de corona. Iba vestido de luto y mi recuerdo es como si me hubiera metido en un laberinto de cipreses». Esa imagen del Ramón interior, tan melancólico en el fondo, se repara y colma en sus autodefiniciones, «un gigante pequeño», en la magnetización de diverso efecto a que asisten sus compañeros y su público. Desde Pla que señala zumbón, cómo Ramón transfigura su normalidad de hombre pequeño cuando se sienta y preside, hasta el reciente retrato de Carmen, la madre de Julio Caro Baroja que, en *Memorias de una hija del siglo*, ve a Ramón con el mismo tipo que esas señoras de poderosas nalgas y caderas que se disfrazan de hombre por carnaval.

La destilación, los componentes de lo que ya no se lleva, ese es el tono de un Ramón –cómo evitar otra vez el dicho montañista: Yo mismo soy la materia de mi libro– que acomete su *Automoribundia*, como «un retrato complejo, historia de un viviente y de una pequeña época...»:

> Muestro así una vida fuera de concurso, una vida sin pedantería ni ambición, entre de espectador, de transeúnte y de actor, una vida optimista y desgarradora, porque se la ve ir paso a paso hacia la muerte con la ingenua alegría de no ir[180].

También en esta vertiente de la ingente máquina productiva ramoniana –cientos de biografías e innumerables retratos– su reto, en el que resulta tan siglo XX, tan precursor del que hemos llamado, en otro lugar, «síntoma biográfico»,

178   *El circo, op. cit.*, p. 11.

179   Citado en Mariano Tudela, *op. cit.*, p. 31.

180   Luis S. Granjel, *op. cit.*, p. 242.

su apuesta es capturar lo que está en juego en una época y en una vida. No una contextualización erudita, sino el rápido lote que cada vida del siglo entrega como carga y alivio, como enseñanza del único aprendizaje posible: el de la paradoja[181].

Automoribundia es un empeño sostenido por mostrar la totalidad imposible y su pérdida irreparable. Es un modelo que encierra su teoría del sujeto, de sus hechuras y sus posibilidades:

> Quiero que se vea un hombre que no quiso ser amanerado, un simple mortal –lo cual es muy extravagante, porque apenas hay simples mortales– y que salvó a todo ismo sin dejar de comprenderlos todos y de admirar muchos de ellos[182].

Es decir, que su autobiografía sigue siendo un tratado, una reflexión detallada de lo que el sujeto encierra. «El caso es probar que he vivido y cómo he vivido pues el que pruebe mejor que vivió *quedará* más entre los vivos» (*Obras completas*, XX, 61). Ese carácter de exvoto que tiene la autobiografía para ser colocada en la ermita literaria es el botón de muestra de condición del sujeto humano: el recorrido completo de la ingenuidad de una vida, de alguien que hizo lo que quiso siempre, pero con prudencia y bondad.

Llama la atención la coherencia de Ramón: cómo parece haberse cumplido su anhelo de los tiempos de *El libro mudo*, su anhelo profundo de encontrar, de hacer un camino vital que se pudiera despegar de troches rutinarios, ritualizados, de los cuarteles de la legalidad y de normalidad. Remata el prólogo diciendo:

> —Ya soy inmortal.
>
> —¿Y ahora qué?
>
> Enrejado ya en el mundo, lo primero que sentí fue la mano de mi madre buscándome entre la escarola de las finas sábanas de recién casada –yo era el primogénito– como si yo me pudiese haber escapado.

Hay una primera formulación de lo que Freud llama la novela del neurótico: la fabulación que todo sujeto realiza en su infancia para colmar el profundo hueco del no saber (no poder tener ese saber de experiencia) cómo vino al mundo.

> No sé por qué me parece que yo estuve por nacer hijo de un guardabosques de la Casa de Campo, y hubo un trastrueque a esa hora con dulces sombras del verano madrileño, y él, el que fue hijo del guardabosques –pudo ser alma mía en casa de mi padre (*Obras completas*, vol. XX, 65).

---

181   «Yo a los ocho años era un caballero imponente que he dejado de ser ahora. El niño se suele creer un hombre de categoría y se sueña barbudo, con *macferland* y copa. La paradoja de la vida es esa. Entonces nos matan los hombres para que ahora nos maten los niños. Vivimos la vida en contradicción de momentos y somos hombres cuando somos niños y niños cuando somos hombres. Me creí un tío mío y aquel tío mío se creía yo y me sonreía como si se sonriese a sí mismo, como si se viese niño, jugando a lo que a mí me tenía sin cuidado». Citado en Miguel Pérez Ferrero, *Vida de Ramón, op. cit.*, p. 10.

182   *Obras completas*, XX, p 61.

Esa Casa de Campo realmente no queda lejos de su segunda casa en la Cuesta de la Vega, por eso la luz es tan viva en el recuerdo, en lo que Ramón, caracteriza «como recuerdo del primer 3 de julio que conocí, voy a escribir palabras atrevidas y precisas *de mi subconsciencia* (*ibid.*). Ese es el método y el plano de la escritura que aquí es convocada. Escribir con lo subconsciente.

Este caso, tomado al pie de la letra, nos ayuda a ver la narración entera de *Automoribundia* como un relato de un sueño, como la palabra impremeditada de quien está en análisis, como quien deja que salgan a la mano que escribe aquellas imágenes que han estado largamente reprimidas, ocultas, medio dichas.

La infancia reinventada

De la infancia hay varias escenas que nos permiten ilustrar este sentido.

La primera es la evidencia de hallarse en el borde de la vida y la muerte. En un trance de desnutrición. Un ama santanderina que no alcanza a amamantar, un niño tan bueno que no llora y un médico que interviene con rapidez:

> El ama no se había dado cuenta de que su manantial se había agotado, y yo estaba muerto de hambre sin posibilidad ni fuerza para lloros y protestas Vivía la euforia anterior a la muerte, y había sonreído por compromiso cuando me habían puesto el dedo en el hoyuelo de la barbilla. (Siempre he practicado después la misma sumisión cuando la nodriza perpetua que es la vida se ha quedado tan exhausta como la de Santander) (*ibid.*, 73).

El relato que aquí produce, huelga decir que puede tener antecedentes de relatos o fragmentos de los adultos. O incluso la observación, ya de mayor, de otros infantes con sus gestos y quietudes. No importa demasiado eso ante la elaboración, la invención verdadera de quien es su protagonista. Hasta que no lo hace suyo un relato puede merodearlo, sin que eso afecte nada principal. La palabra que lo asume y lo dice en primera persona es la que conecta con los procesos inconscientes que acompañaron realmente el acontecimiento.

Por eso es sabrosa la reconstrucción de lo que un bebé de cuna hace realmente. La imagen intuida, el claroscuro sentido y recordado a medias, la sensación de un tacto suave e inquietante en torno a la boca… ese es el bastidor de recuerdo inventado, de la presencia del sujeto por debajo de lo vivido:

> Pasé los días leyendo en el espacio y en el empapelado, y me atraqué de flores estampadas, porque el niño, como el conejo, muerde lentamente todo lo que ve, como si fuera una hoja de lechuga (*ibid.*, 72).
>
> Comprendí que el mundo es impaciencia por irse a otra parte y el niño quiere suicidarse tirándose de la mesa al suelo. Comprende el tiempo y la casa como un tren y sabe que va a tardar mucho en llegar a su estación de término y siente como nunca la monotonía del viaje (*ibid.*, 73).

Es brillante la sencilla articulación del recuerdo con la proyección de las tareas de la adultez (sentado en el trono del ama daba las primera audiencias a la vida). Por eso ve siempre el revés de su nombre –Ramón suena a alguien de clase media o baja– que comienza siendo menestral como para ser demasiado bondadoso y en realidad es un cuerpo extraño, una palabra fundante, una marca con un sujeto de cara llena como un *Michelín*.

Así sigue recordando su órgano de conocimiento. Ante el viaje del padre a la Expo del Progreso en París: «en esa televisión que hay en la inconsciencia de un niño de menos de un año», cuando la madre le dice que está en París e irá unos días a Londres «yo hubiera gritado que ya lo sabía». Y así como hay excitación por reconocer que ya ha visto muchas cosas que dirá más tarde, sin embargo tiene el recelo del origen, por ejemplo reconoce que no quiso nunca volver a la calle de las Rejas. Hasta mucho después de su nacimiento. Va con el pretexto de unas obras de derribo de una calle que teme que haya sido aquella en que nació. Como es un número par y su padre le ha señalado el 5 como el de la casa natal, se consuela y replica:

> Yo debía saber el portal en que entré para nacer [...] Indudablemente arrojé una mirada a la casa antes de decidirme a nacer en ella... Pude nacer muerto si se me ocurre no entrar... La decisión de nacer vivo, le corresponde real y efectivamente al hijo (*ibid.*, 75).

Este fragmento tan intenso tiene mucho del relato de nacimiento autóctono que aparece en mitos y en cuentos infantiles[183]. Por el escenario de los hechos se me ocurre acercarlo al relato de Miguel Gila quien, en la historia de su vida, inicia con el célebre «Cuando yo nací no había nadie en casa...» Y al llegar la madre le destina un directo «que sea la última vez que naces solo».

Lo cierto es que la escena marca a Ramón que volverá una y otra vez a casa después de haber asomado al lugar del origen. La fuerza y la atracción y repulsión de un origen que no es el linaje civil (que relata en ocasiones sin olvidar, su rama británica de los Tully) sino la pregunta por quién es uno antes de nacer, dónde estaba, por qué viene a nacer precisamente él, precisamente así. Y todas las incógnitas que forman el perfil de la pregunta por la muerte. Fijémonos de nuevo en el enigmático final de la escena:

> Después de observar bien mi calle me fui a casa. Ya había estado en el primer camino de mi vida, y al hacerlo, parecía que había hecho algo que solo el día antes de ir a morir se tenía que hacer (*ibid.*, 75).

Tal vez se entienda ahora mejor que este relato sea automoribundia, como una condición fatal: no solo porque vida y muerte está continuamente entreveradas, sino porque narrar el tiempo de lo vivido tiene mucho del recuento que se hace cuando la cosa se va acabando. A *biografía* se opone *moribundia*, que bien podía haber sido *morigrafía*, o mejor, para mantener la raíz griega de biografía, *tanatografía*. O sea que el nombre debió ser *Autotanatografía*. Si construimos desde lo canónico y la lógica interna de las palabras, automoribundia es anómala por varias esquinas. *Moribundia* es un plural neutro en su

---

183   Los personajes de cuentos, incluso los héroes, no tienen un nacimiento común y las más de las veces surgen al mundo desde una posición de soledad o de abandono.

raíz latina, es un gerundio (que daría el sustantivo *moribundo*). Ese gerundio es una acción de futuro continuo, es lo que produce (náusea: nauseabundo; temor: tremebundo).Y llegados a este punto no sé si saludar por su acierto el automoribundismo: capacidad de contar lo que va siendo un camino a la muerte o la automoribundia: provocarse la muerte mientras se cuenta.

La presencia de la muerte entreverada con la vida es corriente ya en la primera prosa de Ramón. Las fantasías de infancia en la que los peligros acechan y unos cisnes metálicos en el portal, que protegen de las embestidas de las ruedas de los coches, se convierten en seres protectores frente a todo mal definitivo. Como la criada asturiana «con su cara de tigre bondadosa protectriz de la noche». La caza de animales extraños (¿serían chinches?) en la que sorprende en la alta noche a su padre:

> Nunca ya será tan visible al realidad –hasta que no llegue la agonía– como en aquella escena patética, llena de lunas y sombras, en que la hora inquietante de la madrugada era desvelada, como en las cavernas primera, como en la caverna ultima (*ibid.*, 81).

¿Cómo es posible esa proyección del temor infantil a la alusión a la muerte? Sin duda son las escenas de la noche, el miedo a la soledad cuando los padres salen, la presencia desestabilizadora de la fiebre que solo se puede atemperar con el regalo de un globo que se trasmuta en un personaje desarrapado de la calle (Fidel) que por su mismo ser solo, es protector absoluto. La noche febril, de combate, le permite pasar «de la edad del lobo a la edad del pato».

En cuanto a las escenas primigenias, la escena que representa el espacio propio de los padres donde los niños no entran, pero son convocados involuntariamente por sus rumores y señales indescifrables, también tiene un párrafo muy llamativo que viene de ese «subconsciente» de Ramón, que coloca corriendo una baldosa suelta no sea que debajo de ella haya algo indudable de enterramiento y blancas cenizas:

> También descubriría el niño la alcoba de sus padres con un ligero temblor, pues si la sentía llena de vida, sentía la sombra de otra cosa que no sabía que era la muerte (*ibid.*, 86).

¿Cómo tan temprano la presencia de la muerte? Lo que equivale a preguntar cómo es posible que en la experiencia del niño vida y muerte se dan a la vez, lo luminoso está atravesado por otra potencia sombría que palpita con igual fuerza. Es admirable cómo puede Ramón nombrar la vitalidad de la muerte, los signos mortíferos que pueblan los escenarios cotidianos en los que los niños temen morir por un remedio que está hecho para que se curen, en los que los padres van dando las primeras señales de su pérdida de juventud y se ve que se abrigan un poco más...:

> Cada vez íbamos comprendiendo más que el mundo –el mundo progresivo– es habitación, seguridad en la habitación, serenidad en la habitación, odio o viudez en la habitación (*ibid.*, 87).

Esta parece ser la barrera y el fielato que hay que atravesar para dejar en apariencia los miedos de la infancia y recibir a la vez que la ley y el disimulo la conciencia de seguridad serena. Al menos en apariencia, al menos ocultando el verdadero precio que hay que pagar por ello.

La proyección del futuro está muy pronto dicha «yo a los seis años era un caballero imponente que he dejado de ser ahora». La paradoja de la vida es como llama Ramón a su contradicción fundante, la del niño que se ve con sombrero de copa y barba:

> Entonces nos matan los hombres para que después nos maten los niños. Vivimos la vida en contradicción de momentos, y somos hombres cuando somos niños y niños cuando somos hombres. Me creí un tío mío y aquel tío mía se creía yo y me sonreía como si se sonriese a sí mismo, como si se viese niño, jugando a lo que a mí me tenía sin cuidado (*ibid.*, 89).

Es muy notable la presencia que le da Ramón al tiempo de lo inconsciente. Se trata de una noción de tiempo que, como Freud mostró con abundancia, se distingue del tiempo histórico y se avecina al tiempo del consumo[184]. Los tiempos de la vida cotidiana ocultan y dejan apenas colarse algo de las escenas inconscientes en forma de síntomas. Por eso llama la atención la finura ramoniana detectando y escogiendo síntomas para interpretar, y lo hace en su tiempo de adulto cumplido cuando ha entrado ya en otro tiempo sin tiempo: el que llamaba Antonio Machado «y esa segunda inocencia / que da en no creer en nada».

Deseo de juventud

Hay siempre un tono adultista en Ramón. Del mismo modo que hay un juguetón por debajo de la mudanza implacable de la edad y las tareas. Pero su reflexión sobre el sujeto que trueca sus pasos de manera no consciente y no premeditada, acompañada del balance de los hechos sorpresivos y mágicos que comenzaron en su primera edad. El paso de un sujeto que era infante a la condición de hablante e inteligente es el motivo de numerosos apuntes de *Automoribundia*. Ramón no parece entrar en efervescencia con la pubertad, ya parece que viene «hervido» desde más atrás.

Él sentía lo que el balcón tiene de abertura sobre el abismo, el gran libro de la vía pública, púlpito para que el niño que se ve con barbas eche predicamentos a la gente que vive vidas ajenas. Un elemento decisivo es el tocar el tiempo de otra manera, por debajo de los avatares cotidianos:

> Como sabía la importancia del tiempo como no la sabré nunca más, se me clavaban los almanaques en el corazón y cada fecha tenía un inmenso patio diferente (*ibid.*, 91).

---

184 En varios lugares desarrollo este modelo de los tiempos, especialmente en mi *Ética de lo inconsciente*, Madrid: Ed. Biblioteca Nueva, 2016. La contradicción entre tiempo histórico-lineal de la productividad industrial y el tiempo del consumo-circular, permite el surgimiento de otro tiempo que tiene lógica propia: el tiempo de lo inconsciente o del síntoma. El cuarto tiempo sería el de la biografía que pretende «unificar» o al menos articular a los otros tres.

Esa es la inversión que el preadolescente crea para ordenar su entorno, no solo desde el punto de vista urbanístico sino como figuras humanas que le permiten decir el tiempo. Lo mismo ocurre con la autopercepción de las edades: adolescencia/madurez:

> Mientras no se trate, pues, a los pedagogos como a niños extraviados y a los niños como a mayores dramáticos que no quieren recibir a nadie y que conocen la lección sublimada del vivir, con dignidad que solo tienen los figurines de los catálogos de ropas de hombres de la época en que ellos fueron niños, no se logrará la educación de respeto y admiración que necesita subvertirse (*ibid.*, 92).

Véase como elabora la primera síntesis personal: «Yo había escogido el mejor disfraz del mundo que me rodeaba –todo mentira, abuso de autoridad, énfasis con abrumación de cornisas y cariátides– y lo convertía en verdad, en esfinge de los sillones, en silencio durante toda la comida» (Pero niño, en qué piensas): No elige precisamente el lugar de Edipo, ni tampoco ninguno de sus parientes en la figuración del complejo. Se ve fuera del drama –del edípico que se libra fuera de los libros, sobre el terciopelo de los asientos de la sala– en la figura de la Esfinge que es híbrida (mitad animal, mitad humana) y es quien atisba los jeroglíficos de lo que viene. El quiromante Ramón se construye aquí su podio. Y va interpretando desde su anomalía a los personajes que lo rodean:

> Por primera vez destaco en la diafanidad del mundo la figura tentadora y ofuscadora de la mujer La bella joven, blanca, sonrosada y no me acuerdo si rubia o morena, era ante mí en aquel tiempo en que no se usaba lápiz de los labios, la primera pintada de *rouge* (*ibid.*, 96).

Es muy conmovedor el relato autobiográfico, automoribundo, del Ramón que es diagnosticado como apasionado de por vida, ante una escena en la que intenta meter moras maduras en un cartucho tras otro para ofrecérselos a una joven mujer. Ahí descubre lo que es la seducción de la mujer, que incita a meter moras vivas en muertos cartuchos, mezcla de tinta y sangre en los dedos… «Aquel misterio de la tarde en que se reía sin parar la mujer tentadora del prudente, como aquellas, ay, no las volveré a encontrar aunque las estoy buscando siempre».

Hay otras escenas de descubrimiento de la femineidad. La tía Milagros a quien el marido maltrata y que ingenia lavarse continuamente el pelo para que él no pueda arrastrarla con él por la calle, al crimen. Y de ahí la decisión de lavarse día tras día la cabeza por si el agresor vuelve…

Difícil componer un mundo ordenado pese a la condición acomodada de la familia. Difícil encontrar un camino hecho, normado, que a uno le espera para colmar la expectativas de los adultos. Me llama poderosamente la atención la conciencia de actor que el Ramón joven desarrolla, en la que nada está dado, solo lo que uno delibera, elige y sostiene como camino propio:

> Pero juro que desde esa infancia en los jardines de la Plaza de Oriente me propuse ser humano sin vanidad ni intriga, humano sin hipocresía, viviendo

en la mayor modestia solo para alcanzar en mi transparencia el sentido
de la vida, su inefable préstamo de visiones y realidades (*ibid.*, 106).

Puede que suene a algo apañado y hasta un tanto cursi, pero tiene más alcance: modestia, transparencia, préstamo, hace referencia a una visión temprana de la vida en la que la meta del varón… de este varón, no habrá de ser arrogancia /ocultamiento/rapiña, es decir el código dominante de la cultura masculina moderna que ya asoma en sus manifestaciones de dominio y belicismo. Imaginar la vida como don y la relación con los humanos como un intercambio de los recursos con que cada cual entra en la plaza común[185]. El ideal del joven Ramón es ser sincero, desinteresado y enamoradizo de la mujer. Ese delirio sonámbulo que le acompaña toda la vida. En eso *Automoribundia* es a la vez balance y profecía: «Yo comprendía el goce de libre excursión que es la vida» (*ibid.*, 115).

La puerta decidida de la fantasía la trae el teatro «de las sábanas blancas», reforzada por la *boutade* de un amigo que, más tarde, pensaba en un montaje de *La vida es sueño*, en el que los actores estuviesen acostados en camas.

El valor del espectáculo, de lo que se muestra, viene –como ya hemos indicado anteriormente– en esa pasión de comunicar que Ramón cultiva desde el comienzo de su vida y se convierte en revista, en libro temprano, en cadena de radio, en circo para echar discursos en trapecio o en elefante. Pero también el mundo privado se hace poco a poco espectáculo. Una pieza de su abuela que estaba cubierta por completo con estampas de los paquetes de chocolate compuestas por ángeles, niñas jugando al aro, bañistas con largos trajes a rayas y payasos, se convertirá en su modelo de interior en el que desde el techo al zócalo, sus casas de Madrid a Buenos Aires serán ocasión de reunir las imágenes que entre sueños y vigilia poblaban la vida de Ramón en cada momento. No es un adorno, apresurémonos a decirlo (porque las puertas y los techos también están cubiertas) sino la delimitación y la llenumbre de un territorio.

Además del escenario polimorfo del bazar que ya hemos analizado, este momento es de potente reflexión sobre otra dimensión de lo inconsciente: el sueño.

El poderoso mundo de animación de objetos analizados forma un conjunto de mundos que encarecen la aparente pobreza de este:

> En la cocina me daba cuenta ya de que arrastrando una silla sobre los ladrillos se arranca un sonido de trompeta inolvidable y que la sartén es un instrumento musical de los nervios del infierno, y que las cucarachas ponen inyecciones de negrura a la noche. De aquellos escalofríos de la cocina me viene toda la superación de la realidad y el objeto de asaltos que es ese limón que se ha quedado seco como el seno de una bruja (*ibid.*, 145).

Los papeles de los vasares son motivo de análisis fino y nos dejan en la misma puerta del bazar. Además del escenario polimorfo del bazar que ya hemos analizado, este momento es de potente reflexión sobre otra dimensión de lo inconsciente: el sueño.

185   Puede verse mi reciente libro *La ética del don y la comunidad política*, Madrid: Ed. Guillermo Escolar, 2019.

Como meter la cabeza en el sueño y la vida? ¿Quizá haciendo que me marcasen bien los pañuelos? Recuerdo una llantina por causa de eso, como si las iniciales fueran el anclarme en la existencia. La duda era si vivía yo o si vivía la vida impersonal y prestada a través de mí. Llegué a descubrir a duras penas que el vivir era no el haber resucitado, sino el haber dejado de estar muerto y recontar las losas de las aceras durante una temporada (*ibid.*, 152).

Aquellas losas de la primera infancia que daban miedo por si bajo ellas había enterrados...

Otro punto central del sujeto, y es que el niño y su deseo Ramón los percibe como limitados:

Aún no está poseído por la avaricia, no lo quiere todo y no le fanatiza el desaforado deseo de los hombres de apoderarse de mucho más de lo que se necesita para jugar a vivir» (*ibid.*, 151).

Esa media adultez que le lleva a hacer propio el lenguaje de los mayores: anunciando la caída de Santiago de Cuba y el fin del imperio de ultramar (*ibid.*, 156).

Por lo demás, Ramón asiste al nacimiento de lo cursi (*ibid.*, 159) como ya vimos. Y reflexiona sobre el poder que los muertos tienen para alterar el mundo: terremotos (Lisboa), fuegos fatuos, tempestades, esa otra cara, esa otra gran escena poblada por sujetos inefables y enigmáticos (El aerolito y el cometa Halley) son fuerzas del otro lado. Siempre el reino de la dualidad, no metafísica sino histórica. Veamos la concisión de este central diagnóstico:

La historia de España, su historia antigua unida a su historia moderna, pasaban por el cauce de aquel río, pues aunque se diga que el agua que pasó no vuelve, había una vuelta sigilosa del agua antigua sin dejar de estar mezclada a un agua nueva. Yo veía los dos tiempos como he tenido la suerte de seguir viéndolos siempre (*ibid.*, 165).

El mundo de los fetiches se va armando con ayuda de los objetos y productos cotidianos: el cuaderno, el pan, la herida de arma blanca, la cortina a medio correr de la mujer que «esparcía su feminidad por la carretera blanca que allí se encajonaba» (*ibid.*, 179).

El cuaderno es el primero en que el director del colegio de Frechilla le autoriza a escribir, a la vez que otros cumplen castigos. Esa atadura voluntaria le da para comenzar a catar la noche, las estatuas y... la presencia entrevista de una joven maestra de la Escuela Normal.

La cuchillada (que un joven mostrenco le propina como jugando) es la primera prueba del dolor y la agresividad gratuitos. Por otros medios se aprende a sufrir, pero Ramón destaca aquí lo subitáneo del acontecimiento: ese «calor cataplasmado a lo largo de la pierna [...] como un toro»...

La mujer señalada y su extraña casa que da que hablar a los muchachos y sitúa a Ramón del lado de la piedad, más que del estigma.

Con todo, el ambiente turbio de la cultura popular de principios de siglo lleva a observaciones como esta: «Allí se celebraba una magia roja y se olía a chamusquina de niños incinerados» (*ibid.*, 171).

Cómo el adolescente es capaz de practicar una asertividad y autoestima fuera de lo común es algo para analizar más despacio. Cómo la retahíla de objetos y sustos que hacían la vida cotidiana del adolescente:

> Esquinazos, buzones, ribetes de cosas, una conversación sobre la guardia civil, el reclamo de perdiz del cura, la clase de solfeo del maestro –mi hermano quería saber acordeón–, una fusta de baile en casa de la hija del herrero, misa del domingo, noticias de la encamada del pueblo –veinte años sin levantarse–, una casa muy cerca que creíamos muy lejos, el hombre del chaleco fatal, la vieja que llevaba un muerto en la barriga, una alcuza de hojalata muy nueva, el tambor de los pregones, colegios de papel blanco, ramos de olivo, mártires, espejos con espejos dentro como trillizos, temores de ese criminal que se queda dentro de la casa cuando se han cerrado todos los cerrojos –«¿Ha sobrado leche?»–, zócalos de conejos que corren en el campo como escapados de sus cárceles, burros como de chafalonía, labriegos con la frente arada, enterradores de niñas metidas en cajas de coronas...

Pero además de todos los objetos, partes de cosas, situaciones, Ramón se queda añorando un elemento, entre la vida y la muerte, que da cemento al pueblo, que explica la vida sin palabras: la nitidez no está más que en esa edad pura entre la indecisión de vida y muerte (*ibid.*, 172).

De las noticias que llaman la atención en ese largo y trabado relato, está la que llega del nuevo siglo XX. La euforia del nacimiento del siglo, de la juventud del muchacho, en el momento en que las mujeres parecían sólo querer vestir de seda y todos pedían un abono a la nueva ópera del siglo, ese lo cierra Ramón adulto:

> Nos vamos dando cuenta de que nos cegó un optimismo arbitrario y tonto al creernos ya en la plenitud del progreso, en el ápice de la civilización (*ibid.*, 177).

Está bien que las novedades tecnológicas fascinan a Ramón (un limpiabotas mecánico, donde todo es eléctrico y automático, bombillas poderosas, luces eléctricas) y como ya vimos se trata del tiempo en que las ciudades se convierten en templos mayores del consumo (comenzando por el París de la Exposición, que conoce por el padre).

Lo que interesa a Ramón es qué tipo de sujeto se forma en este entorno de ensueño. Los hombres llevan abrigos cortos, pantalones estrechos, y zapatos largos. La mujer insiste en sostener que el alma está en la parte alta del cuerpo y separa el busto del pedestal, por una cintura de avispa (el corsé es un frutero con peana). Los manguitos que esconden y permiten mostrar. Los cuadros de las exposiciones que rescatan personajes femeninos en posición de ninfas...

«Se creía entonces –yo sigo creyéndolo aún– en la marcha indefinida del Progreso. Con esa fe segura, las horas calurosas cobraban su sangre optimista» (*ibid.*, 184). En la casa, un reloj de arena marca un fluir progresivo con ritmo más suave y con la posibilidad de materializar el transcurrir del tiempo grano a grano.

Los amores que comienzan por la primas. Los ambientes de seducción incierta y de fidelidad tenaz y adolescente. Es la vida cotidiana de quien se prepara para ser adulto, profesional, jurista, diplomático en cierto modo. Y en realidad humorista. Este rosario de escenas, yuxtapuestas, desarmadas, cada una con su sorpresa y su miedo, tan parecidas a las escenas que arman el ello (en «Las cosas y el ello»): la biografía circula como sigue: «el ser humorista me ha costado no ser ministro por incompatibilidades, y me ha hecho tomar una vida de caminos raros y transversales». El humor que llama a lo inconsciente de un modo peculiar, también como una doble cara soldada con peligro y vértigo: «el contraste de los contrarios, la yuxtaposición de los que han comprendido la burla y la de los que creen que la burla es macabra» (*ibid.*, 217).

Teoría de los sueños

En 1957, sus *Nuevas páginas de mi vida* (subtitulado «Lo que no dije en *Automoribundia*») añaden y afinan algunos de los temas que referimos a la construcción de este sujeto del arte, de la escritura y de una nueva manera de entender la vida en la que los procesos no conscientes son atendidos de modo directo.

El capítulo XXV se titula «Nueva teoría de los sueños» y supone un salto mucho más libre y despojado de lo que su prosa entre psicoanalítica «salvaje»[186] y decididamente poética ha venido gestando. Así la enuncia:

> Los sueños, según mi nueva teoría, son tramados por los diablos, y cuando los diablos no dan abasto los inventan los instintos, o si tienen argumento dramático y lógico son augurios del destino personal de cada uno[187].

Resulta sencilla y rotunda la secuencia, por cuanto la mezcla de elementos explicativos no es azarosa sino gradual, casi didáctica.

El tono reflexivo de las citas del psicoanálisis, aunque han estado siempre trufadas de alegorías e imágenes que son la marca de la casa –la huella del lector– aquí se dispara en un enunciado que parece un clamor de experiencia. A alguien que no está bien, que está airado le decimos que está que se lo llevan los demonios. Pues bien de esa sencilla sentencia brota esta reversión

---

186 Claro que uso la palabra en el sentido en el que Freud se refiere al psicoanálisis «salvaje» o «silvestre»: los procesos de interpretación que no se atienen a la regla fundamental del análisis: la estructura y dinámica de la transferencia en la sesión acotada y reglamentada. «Salvaje» sería sacar de ese contexto la intuición que interpreta. Eso es lo que hace Ramón siempre. Y aquí casi más. *Vid.* Sigmund Freud «El psicoanálisis "salvaje"», *Obras completas*, 1910.

187 *Nuevas páginas de mi vida*, Madrid: Alianza Editorial, 1970, p. 126.

a lo metafórico original. Ramón, ya casi anciano, sigue la pista de uno de los fenómenos que lo han acompañado en todo su itinerario: los sueños como producción poética, como manifestación de lo inconsciente (las dos cosas a la vez, ese es el interés de Ramón que otrora fue, como vimos, el doctor imaginario). Aquel enfermo imaginario de Molière se convirtió pronto en médico de sí mismo (*El doctor inverosímil*) y ahora sigue persiguiendo la clave de lo oculto.

Diablos/instintos/augurios forman una trinidad hermenéutica que Ramón despacha con ligereza aparente pero en la que envuelve una desazón que está entre el humor y la melancolía, como en tantas ya mencionadas, pero ahora más desgarrada, si cabe.

La primera confesión implica un doble cambio: abandonar incluso la apariencia de racionalización que ha empleado para hablar del sujeto de lo inconsciente y, también, establecer un nuevo fondo desfondado de lo inconsciente.

Los diablos –en la cueva oscura del sueño no puede entrar el ángel, dice– son la personificación de esos bajos fondos que se liberan en el soñar. No se admite ningún elemento divino: se acabaron los sueños en los que una figura santa, un trasunto de lo divino, se aparecía para trasmitir un mensaje. Se acabaron las presencias de los ausentes, el sueño como encuentro sorpresivo con alguien cercano que ha desaparecido y vuelve para que ajustemos cuentas con él. Ramón sospecha que en el fondo de todas estas figuras y alegorías hay una realidad mostrenca: el sueño arrastra a la superficie lo innombrable, lo no santo, las mutaciones de lo demoníaco que no tiene rostro propio sino que se comunica por estas formas oníricas. El insecto de alas rojas que desaparece de pronto sin dejar rastro, el caballito del diablo, las múltiples formas en las que «los diablos se pasean por mundo sin llamar la atención», esas son las briznas que nutren la nueva teoría:

> En los sueños toda la hondura del ser es subterránea, oscura y cloacal para que se regodee el diablo, para que el espíritu del mal corretee como una rata. Todo lo que ha entrado en la dormilona perversión abandonada de Dios, lleva un camino preparado por los tiralíneas y rompelíneas luciferianos ¿No se comprende que si no fuera así, los sueños serían solo un lío de cosas y aprensiones, un *revolutum* presidido por el azar más tonto? (*ibid.*, 127).

¿Cuál es el gozne de este viraje en la interpretación? ¿Por qué no mantenerse en el cerro de porciones y trapos que formaban aquel desván que era metáfora principal del ello, de lo inconsciente? No hay respuesta simple, salvo que volvamos a la secuencia inicial: diablos / instintos / augurios. Los sueños siguen siendo producto del moverse de los instintos (y aquí debiéramos rescatar la parte dinámica del *Trieb*, alemán, la pulsión), que esta fuente parece seguir manando para cuando lo demoniaco no alcanza, es su suplemento. Pero los sueños –«si tienen argumento dramático y lógico», dice en la primera declaración– son augurios del destino personal de cada uno.

Diríase que Ramón no abandona ningún tramo de sus indagaciones anteriores, ni el aspecto caótico que venía refrendado por el aparato pulsional, ni mucho menos –y esta es una de las marcas originales de quien no está trabajando en la psicología del sueño sino en su poética– su componente *biográfico*. Ese anclaje en lo peculiar, en la singularidad, en los «augurios del destino personal de cada uno», es una clave de bóveda de esta triple explicación. Son demoníacos, porque hay una estrategia que el durmiente no percibe cuando está en el sueño, lo son porque tienen propósito y tiralíneas. Ramón descubre que en lo inconsciente no hay azar. Son instintuales, volcanes ciegos que emanan sin cesar y sin norte aparente, cuando el demonio de la narración no llega. Son biográficos porque todo sueño requiere de una palabra del durmiente que lo sitúe en el relato de su vida.

Los diablos tienen un soporte icónico que es «a la manera del Bosco» precisamente por su minuciosidad, «sueños especiales admirablemente miniaturizados y es más terrible por eso su efecto de realidad». Esa presencia de lo real inasible a la que ya he aludido sigue con fuerza en la indagación ramoniana: «Los que se mueren durmiendo es que se equivocaron y por huir de un mal sueño tomaron la puerta de la Muerte en vez de la de la Vida».

Y esta sentencia amenazadora tiene en sí el color de lo real que no se deja ni aprehender, ni racionalizar.

El otro elemento llamativo, que está más cercana de la razón biográfica, radica en la posibilidad de que los durmientes, los soñantes se identifiquen, compartan el mismo viaje del sueño. Como no es un itinerario apacible, como está expuesto a la acción de los demonios: «Los que se aman al estar soñando, cerca uno de otro, sueñan sueños traidores, celestineándoles las pesadillas».

Diríamos que la mentada celotipia ramoniana opera como explicación de su teorización y de los remedios que son exigidos para salir de trance:

> Cuando esos diablos principales toman turno en la pareja amorosa, el enamorado debe despertar al mismo tiempo a su mujer para no dejarla bajo el imperio de Lucifer, que es el gran explotador de las mujeres dormidas.

Delicioso mensaje que está envuelto en la gracia y casi la sorna de quien juega con muñecos tan antiguos como los demonios de los cuentos, los diablos de la liturgia y los relatos evangélicos, sin olvidar toda una literatura romántica de mujeres de piel muy blanca y larga cabellera suelta que, en atuendo de alcoba, conjuran su pesadilla entre el horror y la fascinación, el rechazo y la intensísima llamada.

Este tan afinado como breve texto remata con la presencia de un personaje inexcusable cuando se trata de diablos, instintos y biografías: el hombre superior (sic) trasnocha porque de noche está Dios protegiéndonos desde lo alto observando lo que sucede.

Esa estampa cierra el itinerario que pareciera ofrecer un nuevo Ramón que se deja ir, que ya no vela insomne noche tras noche, replegado y feliz en la escritura febril y que derrocha sus visiones y sus teorías, sino una figura medrosa que compensa con su pasión aún viva los empellones de la desolación que asoma y la voluntad de durar que no ceja.

Por eso esta fabulilla no exenta de voluntad teórica, pero que sobre todo busca una razón consolatoria, y que concluye:

> El fino sentido del noctámbulo hace que se libre del Tenebroso que está actuando sobradamente como tal en los que duermen, aprovechándose de que están en alcobas cerradas hasta la mañana, metidos en la carbonera de los sueños.

Así se puede entender mejor pasaje tan rotundo como el que aparece en estas *Nuevas páginas* y que se titula «Fe en Dios». Así se inicia: «La vida es respirar Dios, pues sin eso no tendría ningún valor ni sentido. El solo puede acabar con la tristeza del mundo» (*ibid.*, 103).

Viajero, exilado, solo

La cara civil del deterioro la resume Bioy Casares en su libro de memorias y notas titulado *Borges* (Ed. Destino, 2006). El 16 de septiembre de 1956 anota estos detalles:

> Hablamos de Gómez de la Serna, de lo olvidado que está; más aún que Capdevila, más que nadie. Decimos que ha escrito páginas y hasta libros hermosos. Recuerdo biografías. BORGES: «Siempre he leído con emoción el prólogo a las páginas escogidas de Silverio Lanza. Ramón ha de estar entre los mejores escritores españoles de este siglo. Con qué desprecio verá a su amigo Oliverio Girondo. En un rato él puede escribir –él ha escrito– toda la obra de Girondo». BIOY: «Indudablemente Gómez de la Serna tiene facundia: en seguida inventa, siempre escribe bien y puede escribir muy bien». BORGES: «El de las greguerías es un género bastante difícil: hay que ser inventivo». Dice que la última vez que se encontraron con Gómez de la Serna, hará alrededor de un año, no se saludaron. (p. 208)

Esto se elabora en clave inconsciente, cifrada, a lo largo de sus últimos trabajos. Voluntariosos, poco gratificantes. Con un bazar circundante –el de la metrópoli rica y poderosa en apariencia– y una soledad de relaciones e interior:

> Una etapa de su obra que especialmente merece estar asociada con el fenómeno de «lo ominoso» son las «novelas de la nebulosa», cuya particularidad consiste entre otras en su forma fragmentaria, en su atmosfera onírica y en la presencia de numerosos elementos que se pueden considerar siniestros. Dobroslawa Pazder (Freie Universität, Berlín). «Las novelas de la nebulosa y lo ominoso»[188].

Estas reflexiones debieran concluir con una referencia a la situación de Ramón, a través y más allá de su razón social, de su agitada primero, y deprimida luego, actividad bonaerense.

La parte que, como hemos aludido, resulta más delicada pues atañe al lugar en el que se toman decisiones vitales, se experimenta la contradicción del deseo y se afronta la responsabilidad que de ello se desprende.

De recientes publicaciones espigo algunas notas de la correspondencia que, a mi entender, tratan con más respeto y verdad la catadura moral de Ramón, el sujeto de quien hablamos en esta segunda parte que ahora vamos cerrando.

Ramón, ya está dicho, osciló toda su vida entre un par de ejes éticos: la huida de la norma y la búsqueda de lo nuevo que surge y, en el terreno moral e institucional, el desapego respecto de la normatividad violenta y la búsqueda de una paz incontaminada por encima del conflicto político.

Es un escritor absoluto que se muestra en todas la variedades posibles (como se dice de quien tiene el apego a fumar que puede ser fumador «social», «por trabajo», «meditativo», «al aire libre», «con entusiasmo», «digestivo», etc…) y ese absoluto le lleva a saludar los movimientos innovadores en su surgimiento (desde el manierismo hasta el libertarismo) pero recatado por no decir decididamente conservador, preservador de su paz, a medida que el tiempo avanza.

El fondo lo da ese sentimiento profundo de aparente depresión, cuando, en realidad, se trata de una presencia aceptada, casi reivindicada, del vaciamiento del sentido:

> Todo lo real en el mundo le irrita y le parece fatalmente irreal, solo una máscara falsa de otra realidad. Gómez de la Serna manifiesta su intención de escribir cosas aparentemente sin sentido, creyendo que se puede encontrar en ellas más sentido que en las consideradas tradicionalmente razonables, lo que forma el punto de partida de su nueva idea. A diferencia del sentido, que según Ramón solo lleva a la desorganización y locura, en el caos (que para él es tanto una característica de la época como un fenómeno eterno de nuestro mundo) el escritor es como un médium que pone en contacto la vida y la muerte. La vida le parece merecer algo más que solamente estar reproducida, lleva a la sorpresa continua. Siempre es otra cosa de lo que se piensa de ella[189].

Recorreré unas cuantas viñetas: la carta que le escribe José Bergamín, su posición ante el peronismo, el episodio de la visita a España en 1947, y las últimas peticiones de ayuda hacia 1957.

El punto de partida de todo este periodo (exilado, es la palabra que no le cuadra y seguramente no hay otra) lo marca la misma relación entre españoles y argentinos, o entre las intelectualidades de ambos países. Hechas de aprecio, que al primer Ramón le afectan y le ensalzan[190], pero también

---

189 Dobrsława Pazder, *op. cit.*, «La novelas de la nebulosa y lo ominoso».

190 Ramón, descubridor de América (portugués).

repletas de suspicacias, críticas decididas ante las pretensiones narcisistas del país que nadie sabe quién llamó por vez primera «madre patria».

En las revistas de los años veinte se prepara una apreciación que conlleva la exaltación de lo propio (la modernidad de la cultura argentina) frente a lo castizo, cerrado y pobre, de la antigua metrópolis conquistadora. Si hablo de ella especialmente es para destacar que nunca hay una apertura total a la figura de Ramón. Ya él mismo lo dice en la *Explicación de Buenos Aires*: aquí te acogen bien, asisten a tus conferencias y presentaciones incluso pueden celebrar tu presencia… hasta el momento en que alguien lanza la indiscreta pregunta de hasta cuándo va a durar tu estancia. A partir de entonces la distancia originaria se levanta de nuevo.

Claro, no es solo cuestión de buenas maneras o de cierres culturales o etnográficos. La dimensión política está muy presente y Ramón se ve atravesado por ella. Quien procuró que el incendio bélico no lo tocara –por eso vino aquí– tiene que apagar la llamas en el salón de su casa. Ni querido por los españoles exiliados, ni aceptado por los argentinos que no simpatizan con el régimen de Franco, Ramón lidia con la tensión que le recluye en su casa durante demasiados años.

Veamos el proceso, algunas de sus señales. Para empezar habría que recordar la distancia que activamente se establece al final de los años veinte y los treinta entre la intelectualidad porteña y su *alter ego* español.

Testimonios de sus contemporáneos

La selección la ofrece Robert Wells en su tesis «Humanism and Deshumanización - Fiction and philosophy of a trasatlantic avantgarde», presentada en 2011 en la Universidad de Michigan. Veamos solo unos ejemplos:

Nicolás Olivari

> España no tiene ningún interés intelectual para nosotros. Seamos justos, más lo tiene Francia e Italia, pero nosotros vanguardias de la Argentina, reivindicamos el derecho de ser vírgenes de toda influencia y maravillarnos todos los días con las cosas nuestras, nacionales, criollas, que vamos descubriendo en nuestra ciudad y en nuestro campo. ¡Autóctonos pueden ser, italianos también, franceses siempre, pero españoles nunca!: «Para nosotros, España intelectual se acaba en Baroja, en Valle Inclán, en Pérez de Ayala, y en Unamuno. Todos viejos»: No tenemos interés ni por Madrid, ni por España. No hay allí ascensores, ni calefacción, ni tangos porteños. No hay interés. Si ellos quieren, si los colegas de la *Gaceta* mucho lo apuran, no tenemos inconveniente en reconocer que nosotros somos los conquistadores y ellos los conquistados[191].

191   Nicolás Olivari, «Madrid, meridiano, etc.» *Revista Martín Fierro*. 1924-1927. Edición facsimilar. Buenos Aires: Fondo Nacional de las Artes, 1995, p. 356.

A propósito del debate que se arma sobre el papel meridiano o ya marginal de Madrid, de España, la crítica de Olivari prepara una visión sorprendida de Ramón, como vimos en su *Explicación de Buenos Aires*. La rotunda presencia de una ciudad realmente moderna, desde su clima intelectual al equipamiento de sus calles, comercios y gentes.

La inversión conquistadores/conquistados plantea un reto que asumirán Ortega, Ramón y los demás entre visitantes y exiliados. Pero ni la meditación dirigida a la criolla, ni la admiración crítica de Ramón bastarán para revertir el diagnóstico autóctono.

Jorge Luis Borges

«Madrid no nos entiende»[192].

Borges matizará la radicalidad de su aserto cuando entre exiliados y viajeros se abra a superar la defensa juvenil del idioma verdadero de los argentinos (frente a Américo Castro) para dosificar entre aprecio e ironía («No sabía que Manuel Machado tenía un hermano»). Él, Victoria Ocampo y *Sur* entreabrirán la puerta al «gallego» que se acerca. Sobre todo si este viene con la carga de reconocimiento europeo, la *Academia del Humor* y la diversa estancia portuguesa, napolitana, francesa, más aún parisina, dan al encuentro mayor interés.

Santiago Ganduglia

La Gaceta Literaria nos propone una situación, que, implícitamente, significa el desconocimiento completo de nuestra independencia intelectual. Optando por uno u otro de los términos, nos quedaríamos sin nosotros mismos. De modo que *La Gaceta Literaria* nos concede la gracia de escoger un modelo de protectorado intelectual, el francés o el español, sin haberse detenido antes a medir nuestra propia estatura y el efecto que podría producirnos semejante ocurrencia. [...]. Somos un pueblo moderno, –y España es de naturaleza pasatista [...], factor étnico argüido por *La Gaceta Literaria* no es tampoco considerable porque nosotros tenemos en nuestra constitución orgánica el aporte universal. Estamos elaborando una entidad nueva que va a dar al mundo más de una sorpresa. Y en tal sentido no seremos sino argentinos, criollos, para decirlo mejor. Nosotros somos dueños de una recia fisonomía intelectual. Nos hemos acuñado un espíritu propio. Somos insurrectos de España. Nosotros repudiamos cualquier tutelaje intelectual, así venga con el rótulo de iberoamericanismo. Nosotros tenemos, por último, la jactancia de proclamar metrópoli a Buenos Aires desde que contamos con Girondo, Olivari, Borges, Arlt, Gónzalez Tuñón, etc.[193].

---

192   Jorge Luis Borges «Sobre el meridiano de una gaceta», *Revista Martín Fierro*. 1924-1927. Edición facsimilar. Buenos Aires: Fondo Nacional de las Artes, 1995, p. 357.

193   Santiago Ganduglia, «Buenos Aires, Metropoli», *Revista Martín Fierro*. 1924-1927. Edición facsimilar. Buenos Aires: Fondo Nacional de las Artes, 1995, p. 357.

Raúl Scalabrini Ortiz

La preponderancia de un pueblo nace de la fuerza de su espíritu y la
actitud arrogante no engendra de por sí en toda la historia de España la
cierta presencia de un filósofo o un matemático, diplomáticos del puro
pensar: «No hay existencia positiva capaz de calcular la insuperable
distancia que nos separa de Madrid. Nuestro meridiano –magnético
al menos– pasa por la esquina de Esmeralda y Corrientes, si es que
pasa por algún lado»[194].

La apreciación de Borges tiene la rotundidad de quien quiere zanjar una diferencia y aun una distancia con la cultura española y aun con la realidad política de España en un momento en que esta se acerca a la II República pero
aún mantiene todo un perfil entre castizo y autoritario que solo autores como
Ramón (y tal vez Bergamín con más decisión) son capaces de horadar en sus
primeras obras que ya ejemplificamos. La crítica que encierran desde *El Libro
mudo* hasta *El doctor inverosímil* son muestra de que la huella modernista,
futurista está activa y es el camino de ruptura de un universo reaccionario.

Lo que se pone en cuestión ahora es que la misma realidad española
pueda abrirse o equipararse a la tarea de creación argentina, como interlocu-
tora de quien escribe.

Diré por asociar brevemente, pero creo que con pertinencia, cómo muda
la apreciación según el momento y la persona. Es conocida la carta de Victoria
Ocampo con motivo del fallecimiento de Ortega. En ella –y tiene el valor de
un balance– hay otro modo de plantear la relación en la que, al menos en sus
primeros años argentinos, también se halla Ramón.

José Ortega y Gasset, que viajó a la Argentina por primera vez en 1916,
regresó de visita en 1928 y 1929, y se exilió entre 1939 y 1942, es quizá
el interlocutor más brillante (con permiso de Ramón) y quien primero parece
equilibrar la ambivalencia de la que estamos hablando[195]. Incluso su panegírico
se ve que viene de otra fuente que no es el grupo crítico martinfierrista que
acabamos de seleccionar. Así escribe Victoria:

Necesitaría muchas páginas y mucho sosiego interior para decir la mitad
de lo que llevo dentro. [...] A mí, como a tantos, me ha pasado Ortega. Y
ahora perderlo. Yo soy de aquellos a quienes les ha pasado Ortega. [...]
Desde el primer día llegué a la conclusión, con sorpresa y secreta alegría,

---

194   Raul Scalabrini Ortiz, «La implantación de un meridiano – Anotaciones de sextante». *Revista Martín Fierro*. 1924-1927. Edición facsimilar. Buenos Aires: Fondo Nacional de las Artes, 1995, p. 357.

195   «¿Un meridiano que fue exilio? Presencia española en el campo cultural argentino (1938-1953)»

en Andrea Pagni (Ed.): *El exilio republicano español en México y Argentina: historia cultural, instituciones literarias, medios*. Madrid-Frankfurt am Main: Iberoamericana-Vervuert, pp. 107-128. Emilia
de Zuleta, *Guillermo de Torre*, Buenos Aires: Ediciones Culturales Argentinas, 1962. Martínez Pér-
sico: «El tábano en el caballo. Guillermo de Torre, polemista de *Sur*» en Vicente Cervera Salinas et.
al., *Vínculos ensayísticos e interculturales en la revista Sur*. Murcia: EDITUM, 2014 pp. 137-159.

de que esa cosa lejana cuyo apelativo me exasperaba, no sé por qué, la Madre Patria, que esa cosa de la que había desconfiado, que me había aburrido, y de la cual me había escapado como colegial rebelde buscando refugio en otra no menos madre y no menos patria para mí (Francia); de que esa España, que me parecía irreconciliable con mis gustos profundos estaba ahí, encarnada frente a mí. [...] yo recibía, ya adulta, ese bautismo por inmersión en el genio español. [...] Había pasado por España, en mi adolescencia, casi sin verla. [...] con él, una noche, entró España entera en mi casa de la calle Tucumán, 6 [...] Era la voz de España, recuperada y reconquistada, en ese sentido, Ortega no pudo dar a nadie más de lo que me dio, pues nadie había perdido más España que yo. Contraje conmigo misma el compromiso de decepcionar lo menos posible su esperanza.

Apuntada esta situación de partida, volvemos directamente a Ramón. Quisiera presentar también algunos ejemplos de la figura de Gómez de la Serna. Entre dos cartas, una de ida (de José Bergamín a Ramón, recién asentado en Buenos Aires) y otra de vuelta (de Ramón a Gerardo Diego, cuando el exiliado sueña con volver, veinte años después).

Bergamín mostró siempre una proximidad y un indudable afecto por Ramón. Siquiera de forma icónica ya son inolvidables su vecindad fotográfica en los abundantes agasajos que se estilaban antes de ir Ramón a Buenos Aires, así como en el central retrato colectivo de la tertulia del Pombo, acompañado de fotos en las que los que están visten de petimetres del siglo XIX. Mucho material, mucha presencia.

Ideológicamente los dos comparten la aventura modernista, ultraísta, la afirmación y superación de las vanguardias. En el texto sobre el tancredismo que antes presentamos, Bergamín coincide con la misma y poderosa crítica al papanatismo de la cultura dominante en España, el alejamiento no solo de la modernidad en los estilos de vida (ascensores incluidos) sino el miedo cerval a toda creación. En eso siempre con Ramón. Ambos firman, bajo la iniciativa de Bergamín que preside la *Unión de Escritores por la República*, el manifiesto en su defensa, lo que supone una posición antifascista, al menos antirreaccionaria.

Selecciono ahora esta carta de Bergamín, publicada póstumamente, por su carácter especial: Ramón se ha ido ya a Buenos Aires, la vida política en España está tensionada por la guerra y Bergamín echa de menos y reclama a Ramón que, según él, se ha ido demasiado pronto[196].

Desde 1915, en que suscribe el manifiesto del Pombo, han pasado más de veinte años, de aquel contertulio espigado y con cara de dolor de muelas, dice Ramón evocando al Pombo. Las diferencias vienen con la República, con la divergencia entre la acción reivindicativa política o la retirada a la creación

---

196 Nigel Dennis, «El ramonismo (sin Ramón) de la Guerra Civil Española. Una carta inédita de José Bergamín» Boletín *RAMON*, n.º 2, 2001. (Fundación García Lorca, 1989).

como valor supremo. Ramón llega a sentenciar (en *El año pombiano de 1935*, en almanaque coordinado por Guillermo de Torre):

> Nuestra revolución artística y literaria es tan incomprensible para los revolucionarios sociales, que bien podemos negarnos a comprender sus premisas simples y deleznables.

Ha llegado la dureza del desengaño y quizá Bergamín sea de los pocos que pueden calibrar el verdadero sentido de estas palabras.

No en vano, pese a la politización de Bergamín, su liderazgo en la fundación de la Alianza de Escritores Antifascistas, la amistad sigue y gracias a Bergamín, Ramón colabora con cierta asiduidad en *Cruz y Raya* (1933-1936). Motivado en parte, sin duda, por su deseo de ayudar económicamente a su amigo »hambriento número uno de España», según definición posterior del propio Ramón, Bergamín da a conocer en su revista una serie de memorables textos de Ramón, comenzando por el «Ensayo sobre lo cursi» (julio de 1934).

El relato de la vertiginosa fuga de España, aparece sobre todo en *Automoribundia*, 610-611, donde las gestiones con Francia, la salida de Burdeos, la cobertura de ser fundador del PEN Club de Madrid (con Azorín), e incluso la voz que les pega a los relajados de la terraza de la Granja del Henar («de aquí hay que marcharse, yo me voy mañana») son el fugaz testimonio de una ruptura mucho más profunda. Eso es lo que recuerda Bergamín.

Su «admirado y querido Ramón Gómez de la Serna», que le había dado espontáneamente su firma para el Manifiesto de Adhesión a la Causa de la República y al Pueblo Español, ahora ha puesto tierra por medio. Los motivos son borrosos e intensísimos: la politización aguda que tapa las lealtades más espontáneas y las somete a mandato superior, el temor a la vida cotidiana, la inseguridad en las calles, la conspiración de pequeña laya que trata de quitar sillas a quienes las ocupan sencillamente para trabajar. Vengamos a la carta:

> [...] No creo que dude de mi testimonio. Pues como testigo excepcional –no por mi mérito, sino por mi sitio– le digo, querido Ramón, que ha sufrido usted un error gravísimo; que lo está sufriendo. Y que es un error mortal, en principio; que puede serlo solo para usted. Ha vuelto usted a una situación de ánimo dubitativa y temerosa que yo creí había superado y decidido con su llamada por teléfono en los días últimos de julio. Aquella decisión espontánea creía más fuerte de lo que la realidad me demostró más tarde con su ausencia. Pero, así y todo, creí que conservaría usted bastante confianza para esperar. Y para esperar callando. Hoy por hoy no le pediría otra cosa.
>
> [...] Pero, ¿cuánto no ha perdido ya? Ha perdido usted su mejor Madrid: Un Madrid de pura greguería; donde la explosión poética de la vida saltaba en todo instante a nuestros ojos. Ha perdido usted tocar con sus dedos la mejor poesía de nuestro Madrid, de nuestra España. Meter los dedos en sus llagas para creerlo. ¡Y qué maravillas! ¡Qué

milagro! ¿Cómo pudo usted huir de ese modo de Madrid, huyendo de sí mismo? ¿Cómo no le detuvo el certero instinto inteligente, su ángela más segura, Luisa, de quien yo lo hubiera esperado?

Quisiera decirle, contarle, lo que era aquel Madrid. El de las noches con todos sus balcones de las casas, abiertos y encendidos, con salones varios iluminados como casas de muñecas, en medio de un silencio astral, verdaderamente pasmoso; en una plena soledad fantástica. De Apollinaire, de Poe. Después, el de la luz azul. Después, el negro, negro, gradualmente acentuado hasta hacerse transparente de oscuro, irreal, clarísimo. El más claro y más puro disparate goyesco: ramoniano.

(Entre tanto le recuerda las razones del compromiso con el pueblo en un tono tan afectuoso como firme. Le aconseja que no se deje morir, que deje que mueran los que no han sentido el vínculo que debía con la causa de España: Ortega y Marañón, a quien critica que va a refugiarse bajo las sayas de Victoria Ocampo):

[...] Usted, Ramón, no puede volverse de ese lado. No puede suicidarse. Apelo a Luisa para esto; para que no le deje: para que le salve. Haga usted un poco de silencio a su alrededor. Desentiéndase del rumoreo cobarde y mentiroso que le envenena. Vuelva por su verdad, por su vida. Mire usted cara a cara, como siempre hizo, el doloroso parto vivo y sangriento de una realidad que es la suya, la nuestra. Créame, Ramón, y espere, espérenos. Tenga, una vez más, confianza en nosotros, los verdaderos amigos suyos, lectores suyos, los que no le abandonamos nunca y siempre estuvimos a su lado en las horas de las verdades.

Y esta sí que es hora de verdades, Ramón, en las que no queremos perderle. Créame, Ramón, y espere. Si puede, si quiere, en silencio. Espérenos. Un fuerte, muy fuerte abrazo –más fuerte que mi sino– de su siempre el mismo.

José Bergamín

P. S. Mis señas aquí en París son 14, av. Charles Floynet (7ª). Yo me vuelvo a Valencia y Madrid estos días. Estaré en España hasta fin de mes. Regresaré y estaré aquí la primera quincena de mayo. Espero su respuesta pronto. Le espero muy de veras; vivamente.

La primera lección dramática y tremenda de esta carta tan hermosa y conmovedora es que Ramón, tal vez sin pretenderlo, acaba por cumplir el intenso ruego de su amigo. ¿Qué hará en su pisito de Hipólito Irigoyen, 1974, sino esperar, cada vez más en silencio?

¡Qué suerte de deseo al revés que se acaba por cumplir dramáticamente!: «No te vayas / pero ya que te vas / espéranos / en silencio».

Ramón dirá más tarde: «Como yo no tengo dialogador, vivo en el más absoluto silencio de mí mismo» (*Automoribundia*, 770).

El descubridor de América

Es el título del entusiasmo de Ramón. Livia Grotto: «Ramón Gómez de la Serna ou o descobridor da América», en *Revista brasileira de literatura comparada*, Abralic, 2014.

Es interesante la recuperación de la figura de Ramón en lo que tiene de pionero aceptado, de viajero que trae lo nuevo aunque el ultraísmo y el modernismo tienen ritmos y tiempos diferentes a un lado u otro del Atlántico.

Por eso, en el momento de acogida –que contrasta con las apreciación que acabamos de presentar– destaca el magnífico juicio de Borges, cuando considera que Ramón es propiamente el descubridor de América porque es quizá el primero en presentar un panorama de la esencia propia de la escritura americana[197]. Ramón tiene una cualidad de ser quien sabe mirar, cumple con la figura del extranjero a quien Simmel siempre atribuye la cualidad única de la distancia que sabe ver e interpretar. Entre nosotros tal vez sea María Zambrano el mejor ejemplo de percepción de esa trama oculta que es lo propio de una literatura. En su libro *La cuba secreta*, María revela a un círculo sorprendido de miembros de grupo *Orígenes*, la clave de su apuesta más propia y quizá menos claramente formulada, por mayormente abrazada.

Ramón entra en liza requerido por los escritores que aceptarán su magisterio o al menos la proximidad de alguien tocado por un don especial. El poeta que formalmente no lo fue y que crea y construye su visión de ciudades, naciones y sujetos con el decisivo soporte de la poesía. Me queda la duda de si Ortega, volcado en la conquista de América –es el propio Lezama quien hace su necrológica que titula *Ortega, el americano*– nos sesga un tanto su visión con el acicate de la moralización: la *Meditación de la criolla* resulta, a mi ver, un tanto tosca en el análisis y doctrinaria en su impulso como para medirse o articularse con las imágenes vivas de *Explicación de Buenos Aires*. En todo caso, Ramón traza su destino en esta estela de la mar que le lleva a Buenos Aires para nunca volver.

A partir de julio de 1925 se divulgan textos de Ramón en *Martin Fierro*, con el padrinazgo de Oliverio Girondo[198], que en sus textos madrileños es un claro par de Ramón. Nalé Roxlo, Olivari, Borges, etc., forman el bullicioso laboratorio de la innovación argentina de la escritura. Centrados, desde la generación del centenario (1910) en la cualidad o el ser argentino. Mariani en *Martín Fierro* es el primero que cita a Ramón desde una crítica sin precedentes: advierte sobre él entre la vanguardia de escritores a personajes «mediocres como el francés Morand o el español Gómez de

---

197 Livia Grotto, «Ramón Gómez de la Serna ou o descobridor da América» *Revista brasileira de Literatura Comparada*, n.º 25, 2014.

198 Recordemos que más adelante habrá un magnífico texto de José Lezama Lima *La expresión americana*. Lezama, el lector adicto y buen evaluador de la originalidad de Ramón. En la cita primera de este libro está la necrológica de Ramón vista por aquel.

la Serna». En el suplemento explicativo del Manifiesto de 1924, la redacción de *Martín Fierro* replica a las críticas con una excelente acogida: todos tenemos una sensibilidad lo suficientemente desarrollada para amar a Morand y a Gómez de la Serna, que no son meros mediocres brillantes. La acusación de falta de compromiso que la izquierda argentina le hace a Ramón es replicada por textos de apoyo (incluso unas *Greguerías Criollas* de Sergio Piñeiro). En el número 16 de *Martín Fierro* hay una proclama en su favor, y un número extraordinario, celebrando un viaje que no realiza. Es el acontecimiento más importante que necesita la ciudad (dice Girondo, otros lo comparan con Picasso), «sabe decirnos lo más importante de nuestros destinos, mira como nadie los cafetines de humo y tango de Corrientes». Las gafas de Borges mismo han robado los azogues del Pombo y ahora saben mirar. Ramón ha escrito una reseña de *Fervor de Buenos Aires* (1924) en la *Revista de Occidente*, lo que da una entrada mayor a un cierto liderazgo donde lo retrógrado español queda superado por el nivel de apertura y modernidad de la escritura de Ramón. Borges corresponde con un «Para el advenimiento de Ramón», quien no se sabe por qué causa aplaza su viaje –del 12 de octubre, nada menos– al mes de agosto («el doce de octubre de veras caerá este año en agosto», dice Borges). Gómez de la Serna será así el autor de la tercera revelación, o fundación, de Buenos Aires (Borges *dixit*), comparable por la agudeza de su mirada al caudillo Rosas. Fervor de Ramón que no podrá calibrar el tamaño de su desesperanza y de su caída progresiva.

Borges comentará en 1925 *Calcomanías* de Girondo (ya con una leve ironía a propósito de su asombroso parecido con Gómez de la Serna, «a quien se tiene aquí por infalible»). La superación del ultraísmo, la conciencia de que metáforas o imágenes no bastan para la poesía, y al mismo tiempo, la cercanía de Borges con Cansinos hace que se escoren los porteños a la búsqueda de un texto más sobrio, más pegado a su idiosincrasia. La que hace que Borges comente en la alta noche a Bioy, ante la presencia de una conducta de caballerías: «mirá: la Patria»[199].

La progresiva separación de las posiciones lleva a Ramón a intentar componendas (ya en 1927, donde no admite la competición cuasi futbolística) y a Borges y su grupo a marcar diferencias notables, entre un Madrid de dictadura (Primo de Rivera) y una Argentina de República (Irigoyen), entre saber hacer y ser palurdo en las costumbres, los galicismos, la falta de comprensión de lo americano, de lo argentino...

---

[199] Cito de memoria y está el original en diversos lugares, especialmente en la autobiografía de Bioy titulada *Borges*, Barcelona: Destino, 2006. Bioy destaca en este libro, en varios lugares, el carácter temeroso de Ramón, el miedo que no le deja vivir.

El supuesto peronismo

Ramón Gómez de la Serna llega a Buenos Aires en septiembre de 1936. Tiene 48 años y viene huyendo de la Guerra Civil. Los tiempos de la vanguardia han terminado y la politización creciente desplaza su figura del centro de interés literario. Ya dijo Borges que el esnobismo es la más sincera de las pasiones argentinas: Gómez de la Serna ha sido admirado hasta el plagio por los escritores jóvenes, y reverenciado como conferencista ocasional, pero basta que se instale definitivamente en Buenos Aires para que pierda su aura de celebridad inalcanzable. A su entierro asistirán menos personas de las que habían ido a recibirlo al puerto en sus visitas[200].

Ramón experimenta una fuerte transformación en la que opta por distancia del conflicto de posiciones. Pese a su azañismo inicial, a su amistad profundamente ética con Bergamín, ahora se refugia –a la vez que busca cómo atemperar la penuria económica– en figuras periféricas de la elite literaria como Oliverio Girondo y Macedonio Fernández. Les alaba en la revista *Sur* –en cierta forma un cambio de aires con respecto al inicio– y desarrolla su posición en un par de artículos en torno a la torre de marfil. Pronto se distancia de *Sur* (en solidaridad con Ortega, pero no se distancia de Victoria Ocampo).

La llegada de Perón supone, para Ramón, la recuperación de la ciudad, que mejora su equipamiento, y a la vez la posibilidad de una nueva relación como extranjero en otro país. Perón es de difícil diagnóstico a primera vista (justicia social, populismo, izquierda, derecha, filofranquismo...), pero Ramón[201], que no ha ocultado en la intimidad su simpatía por Perón (puesto que ayuda a España) se ve progresivamente desplazado a un margen que acaba en declaración de ostracismo, en encierro aceptado.

Greco rescata para la mejor comprensión del proceso una cita breve de Córtazar[202]:

Años después, Julio Cortázar comparó a Ramón con otro marginal de la vida cultural argentina: «No sé hasta qué punto su demolición de la seriedad al uso lo separó del *establishment* literario porteño. (*Mutatis mutandis*, también un tal Witold Gombrowicz...).

La demolición de la seriedad al uso es expresión suficientemente expresiva como para recorrerla en las dos caras de la pendiente. De hecho, la que predomina es la de caída, apenas sostenida por una voluntad interior que sobrevuela una depresión notable, un desengaño que se aferra al lugar

---

200 Martín Greco, *Poesía y poder: La obra periodística de Ramón Gómez de la Serna en tiempos del peronismo* (1945-1955) II Congreso Internacional de Literatura y Cultura Españolas Contemporáneas Buenos Aires, 3 al 5 de octubre de 2011.

201 Martín Greco, «La penosa manía de escribir. Ramón Gómez de la Serna en la revista *Saber Vivir* 1940-1956. Buenos Aires: Fundación Espigas, 2009.

202 Julio Cortázar, «Los pescadores de esponjas», en *Clarín*, Cultura y Nación, Buenos Aires, jueves 26 de octubre de 1978.

de llegada: no vuelve a España –a excepción del viaje en el 1947, invitado por diario *Arriba*–[203]. Aunque clama por volver.

Una nota de despedida publicada el 5 de abril de 1949 en el diario *La Nación*, muestra las expectativas con que Ramón había emprendido el viaje: que una calle de Madrid recibiera su nombre y que lo nombraran académico. El hecho de que ninguna de estas dos cosas se haya cumplido podría explicar, siquiera en parte, el desengaño con el que Ramón regresará de España. El tono encomiástico del artículo, por lo demás, despeja otro equívoco que se repite en las biografías: su paulatina exclusión del diario *La Nación* no será una represalia por su apoyo ya notorio al franquismo, sino por haber hecho declaraciones a favor de Perón y de Evita. Estas declaraciones son las que van a cambiar la vida de Ramón. Las registra, con lacónica indignación, Héctor Álvarez Murena en la revista *Sur*:

> La Argentina –ha dicho Gómez de la Serna en una entrevista al llegar a España– marcha admirablemente con el mando providencial del general Perón, una de las grandes figuras plenas y pacíficas del mundo, al lado de esa persona de calidad que es su esposa. Todo allí se le debe a él y, claro está, que a un noble pueblo que ha admitido lo que le señalaba la mano de su presidente, mostrando a España (Murena, 67).

Ramón es consciente de haberse excedido en estas declaraciones. Entre sus papeles póstumos, depositados en la Universidad de Pittsburgh, se conserva una confesión sobre el viaje a España: «Dije mi verdad, mi admiración, y ya en Bilbao noté que me había perdido» (Mazzetti Gardiol, 1982, 113):

> Tengo que arreglar la situación que se presenta más negra que nunca y no sería nada extraño que se me deshiciese el sueño de América y tuviese que tomar el avión de urgencia para morir siendo un Valle-Inclán –es un decir– por las calles de Madrid hasta el final de mis días, explicando lo que es la experiencia de la vida. Necesito completar mil mensuales y todo está más desquiciado que nunca para eso pues está rota casi por completo la red de mis colaboraciones. En la subsecretaría de Prensa me podían encontrar una colaboración asidua en que yo diese la nota mía de la ciudad y en la lucha periodística los periódicos

---

203   Hospedado en el Ritz, con conferencias organizadas, de poco poder de convocatoria, y una visita a Franco (con un chaqué alquilado en el rastro!!!) Y la frase al parecer literal cuando el dictador le tira los tejos para que vuelva a España: «No podría vivir en un país donde se hable mal de su Excelencia».
José Antonio Llera, en «Olvido y melancolía desde Buenos Aires. Una carta inédita de Ramón Gómez de la Serna a Gerardo Diego»: «Gómez de la Serna asiste a la recepción [con Franco] con un traje alquilado en el rastro, como si quisiera travestirse de otro, seguir intacto después del trance. La foto, de la agencia de noticias española Cifra, la publica el diario ABC el 26 de mayo. Mientras el dictador exhibe el busto inconmovible y altivo, Ramón un libro en la mano que parece un misal falso, alfombras suntuosas y tapices, tiene cara de reo, el ademán agrio de quien le ha sido conmutada por un momento la pena capital, los brazos caídos iguales que los de un espantapájaros, bajo la sonrisa benefactora de Pedro Rocamora, el director general de Propaganda. Según contó éste, Ramón felicitó a Franco por la paz en España».

peronistas diesen más batalla literaria a los otros. Ni cuando llegué hace catorce años se me ha presentado un ambiente de acabose como ahora.

En septiembre de 1955 Perón es depuesto por un golpe militar. Los que han colaborado con la prensa y el gobierno peronista son condenados a vivir en el ostracismo. El nuevo gobierno reemplaza la conducción de todas las empresas periodísticas y Ramón pierde la mayoría de sus colaboraciones. A comienzos de 1956 anota en su diario íntimo:

> Aquí he sido suprimido, como si las *Greguerías* hubiesen tenido que ver con ninguna forma de gobierno, estando también en ese desaire después de diecinueve años de trabajo en El Mundo y más años en los suplementos literarios, la causa de mi desidia actual (Gómez de la Serna, 2003, 1019).

Tal vez no merece más la pena abundar en estas circunstancias. Recoger, como en el texto de última teoría de los sueños que acabamos que glosar, su última obra *Cartas a mí mismo* (1955). Para corroborar el silencio y la irreversible reflexividad de su escritura.

En los papeles de la Universidad de Pittsburgh aparece su balance del viaje a España: «al llegar a Bilbao ya me percaté de que me había equivocado»[204].

Añado, para concluir las cartas a su amigo Guillermo Castañón, asturiano, compañero de carrera en Oviedo y a su hijo José Manuel. Señalo el reconocimiento rudo del tiempo de gran dificultad, que es su primera época en Buenos Aires. También las colaboraciones sobre todo en *Arriba*, desde 1948. Señalo su voluntad de permanecer en un estado de decoro, en medio de la penuria:

> 18 diciembre 1945. Sr. don José M. Castañón
> Mi querido amigo:
>
> De estos días me han enviado de *La Nación* su carta. Vaya si recuerdo a mi querido y viejo amigo Guillermo Castañón. Precisamente por como le recuerdo con cariño voy a escribir al hijo con mi sinceridad proverbial. Todo me parece bien en su vocación y sigo creyendo después de tan áspero camino como he recorrido que la literatura es una ilusión que merece todos los sacrificios. Pero hay que lograr, ahí con paciencia el éxito y hay que persuadir de que se tiene algo que decir al público español. Aquí la vida es mucho más difícil para el escritor y yo, después de ocho años negros, vivo ahora con respiro gracias a España y a lo que me llega de ahí por mis colaboraciones. Con esto creo que le he dicho bastante.
>
> Mi querido y gran Castañón n.º 2:
>
> Por fin he visto su hermosa revista *Aramo*, revelándome que es usted un fundador verdadero, tipo de los antiguos capitanes. Muchas

204 Rita Mazzetti Gardiol, «Unpublished Works of Ramón Gómez de la Serna». *Anales de la Literatura Española Contemporánea*, VII, 1982, pp. 109-116.

gracias por las alusiones que hay para Luisita, y para mí en sus páginas. En este momento estoy ante la última esperanza de volver y de poder dedicarme a escribir mis últimas obras. En manos de mis viejos y queridos amigos, desde Valentín Alvarez hasta mi entrañable primo Gaspar, está esa posibilidad salvadora.

Si no aquí, viviendo de a pocos y jugando a la pelota en la tapia de la Chacarita. Con muchos abrazos para su padre, recíbalos también en cantidad de RAMÓN. 23 de enero de 1956.

Mi querido Castañón:

Muy bien su novela, buen presagio de muchas más. Nosotros, lo mismo y gracias a nuestras inmensas precauciones, algo indemnes. Con esto hay que tener mucho cuidado, pues los abismos en rampa pueden llevar hasta el crimen.

Yo le recomiendo resignación y goce de su Asturias y del santo hogar. Tome ejemplo de su padre, al que envío muchos abrazos y un deseo de felicidad en 1957. Cuidado y poesía, mas desprecio a todo lo demás. Deseándole también un feliz 1957, le abraza su devoto RAMÓN.

Luisita también le felicita.

En la cuarta carta ya se da por hecho que consuelo solo se halla en una tierra nueva que es la literatura:

Mi querido y buen amigo:

He sentido muchísimo la muerte de su señor padre, tan preclaro y sano espíritu. No olvidaré nunca nuestra camaradería de jóvenes. Deseándole consuelo en nuestra querida literatura, le abraza su devoto compañero RAMÓN. Luisita también le envía su pésame.

Buenos Aires, 16 de octubre 1961.

El último documento que quiero presentar es una carta de 1955 dirigida a Gerardo Diego («Olvido y melancolía desde Buenos Aires. Una carta inédita de Ramón Gómez de la Serna a Gerardo Diego», José Antonio Llera, *Revista de Occidente*, 416, 2016, 95-113).

Gerardo Diego es sin duda uno de los pocos escritores que han permanecido fieles y en comunicación con Ramón. Incluso su propia escritura ha tenido un primer tiempo indudablemente ramoniano. Se trata de *Gesta*[205] que comienza de esta manera:

Por vez primera entre la lluvia muerta / cantaban los tranvías zozobrantes / Y en la sala del piano / un esqueleto / jugaba al ajedrez con guantes negros (*Obras completas*, I, 105).

La huella, si bien menos profunda, no deja de estar presente en sus libros posteriores, incluso después de la Guerra Civil. A Gerardo le comunica

205   En *Imagen*, 1918-1921.

no tanto una petición de ayuda material o espiritual, sino el reconocimiento de alguien situado en la condición de confidente. Y ante quien se autodefine –con una sobriedad conmovedora– como «asceta de la emigración»:

RAMÓN GÓMEZ DE LA SERNA

HIPÓLITO YRIGOYEN 1974 – 6.º PISO LL.

TEL. 47-4775 (Después de las 3 de la tarde)

BUENOS AIRES

16 diciembre 1955

Mi muy querido y admirado Gerardo:

Como no tengo otras señas suyas buenas que las de la Academia (?), ahí le envío esta carta que es ante todo de felicitaciones pascuales y de deseo de muchos éxitos en 1956. Después tengo que agradecerle sus bellos y caritativos artículos sobre mí en ABC. ¿Vio Vd. un estudio paralelístico con Aleixandre que publiqué en una revista de Caracas? Aumentado formará parte del tercer tomo de *Retratos Contemporáneos*, los «Novísimos». Yo estoy haciendo aquí de asceta de la emigración y veo mejor España y puedo escribir más y tener muchas más horas de paz y de incógnito. Le sigo bastante bien desde estas lejanas costas y llegan a mí sus perfectos vilanos. No me olvide y sepa el mucho afecto y admiración que siempre ha sentido por Vd.

RAMÓN

Luisita le envía también muchas felicitaciones.

Esta es la historia de un libertario, republicano y más, que, por una oscilación del trapecio, se encontró en manos de quien no había imaginado ni parece que quisiera.

De la misma manera que puede agradecer a Gerardo Diego sus artículos favorables a su obra en el *ABC*, pero no parece que se halle conforme con la depredación por parte del régimen: José María Pemán publica en *ABC*, en noviembre de 1949: *«El Dios de Gómez de la Serna».*

De la misma manera que los múltiples documentos de prensa que se recopilan en Pittsburgh y que revelan una culpable e hipócrita tentativa de recuperación. Ramón descree desde hace décadas del militantismo sectario, pero ahora insiste en una posición que sea más de revelación que de revolución.

Por lo demás solo caben pocas cosas: estas dos sentencias de Ramón. Una llena de escepticismo amargo. Otra la afirmación valiente de su propio *daimon*.

VUELTA A ESPAÑA: Nunca me cansé tanto ni pienso jamás volver a cansarme tanto, prefiero la gloriosa muerte en el más recóndito patio de cementerio (Mazzetti Gardiol 1982, 114).

Cuidado, poesía y lo demás no importa (a Guillermo Castañon).